無農薬菜園はじめよう

楽しく続けるアイデア50

麻生健洲

家の光協会

はじめに

私が野菜づくりで心がけていることは、「ラクをして、楽しく野菜をつくる」です。この本は、そのための工夫をまとめたものです。

私の菜園（Ｐｏｔａｋｅ《ポタケ》）の広さは100坪（330㎡）ほどですが、除草から耕耘・畝《うね》立《た》てまで、すべて三角ホー1本でこなしています。耕耘機などを使っている人から見たら効率が悪いと思われるかもしれませんが、三角ホーだけでできるように工夫することで、それが可能になるのです。

Ｐｏｔａｋｅの隣には農家の畑があります。その畑には虫が1匹もいません。それに反して、Ｐｏｔａｋｅにはいろんな虫や小さな生きものがいます。あちこちに草も生えていますから、農家の人が見たら呆れてしまうことでしょう。じつは、これもラクに野菜をつくることにつながっています。

家庭菜園をはじめたころは、苗をたくさん買いすぎてしまい、植えるところがなくて困ったり、とれすぎて消費しきれなかったりなどという失敗がありました。そんな経験から、冬のうちに翌年の栽培計画を立てるようになりました。種苗メーカーから取り寄せたカタログを見ながら、翌年の栽培計画に考えを巡らすのも楽しいものです。

野菜を栽培している期間は、毎日のように畑に通い、畑じゅうをくまなくチェックします。これが、病虫害の初期発生を見つけて被害を最小限に食い止めるコツです。大きくなったヨトウムシ類やネキリムシなどを見つけたときは、手で捕まえて退治します。アブラムシなどが発生することがありますが、そのまま放置して様子をみます。

Potakeでは害虫が発生しても天敵が退治してくれるのです。もちろん、防虫ネットなどを使った物理的な方法も積極的に取り入れ、防除の手間を省いています。

化学肥料は、農家で使うような速効性や緩効性のものを使っています。有機栽培で使用する有機質肥料は、土中で分解されてイオンというかたちで植物の根から吸収されますが、吸収の仕組みは化学肥料とまったく同じです。化学肥料は種類によって成分量が決まっているので、施肥設計が簡単にできる利点があります。

私は一日の作業をパソコンに記録しています。畑では野菜の発芽時の様子や実のつき方などをスケッチすることもあります。スケッチは野菜を細かく観察することにもつながりますし、あとでイラストに起こすときなどにも役立ちます。しかし、動き回る虫などのスケッチは難しいので、写真に収めています。写真には自動的に撮影した日付などのデータが記録されるので、害虫の発生日を検索するときには重宝します。

一昨年から、そんな写真やスケッチのなかから気に入ったものを選び、インスタグラムに投稿し始めました。私は語学が不得意なので、外国のフォロワーとは翻訳アプリを駆使してコミュニケーションを楽しんでいます。

これからも、「ラクをして、楽しく野菜をつくる」をコンセプトに、家庭菜園をとおして、いろいろな楽しみを見つけていきたいと考えています。

麻生健洲

5つのポイント

ラクに、楽しく野菜づくりをするためのポイントを紹介します。

1 無理をしない

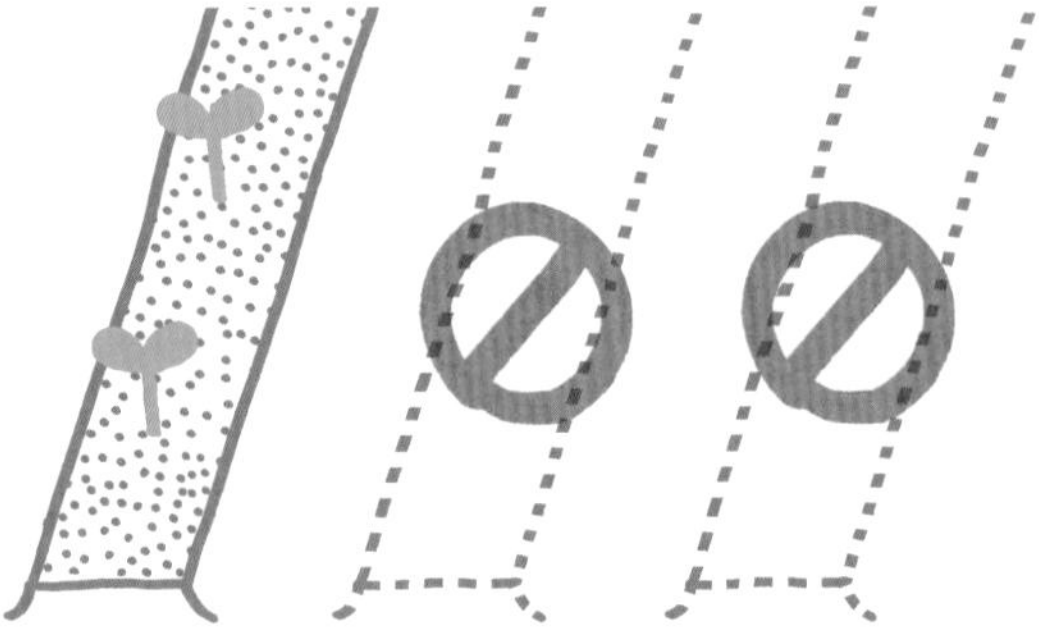

畑の作業は、一度に全部やる必要はありません。無理をせず、1畝ずつ、1作物ずつ進めましょう。

2 昆虫を呼ぶ

野菜づくりでは、害虫の発生はやむをえません。しかし、益虫や益鳥などを集める工夫で、害虫の被害を最小限に抑えられます。

3 耕さなくていい

畝と通路を固定し、同じ畝を繰り返し利用すれば、畝の土はつねにやわらかいまま。耕さなくてもよい土が持続します。

ラクして楽しい 菜園ライフ

4

野菜と草花、ハーブが混在

野菜だけでなく、いろいろな植物を混在させています。ハーブを菜園のあちこちに植えておけば害虫よけになり、草花は緑が多い菜園では鮮やかなアクセントになります。

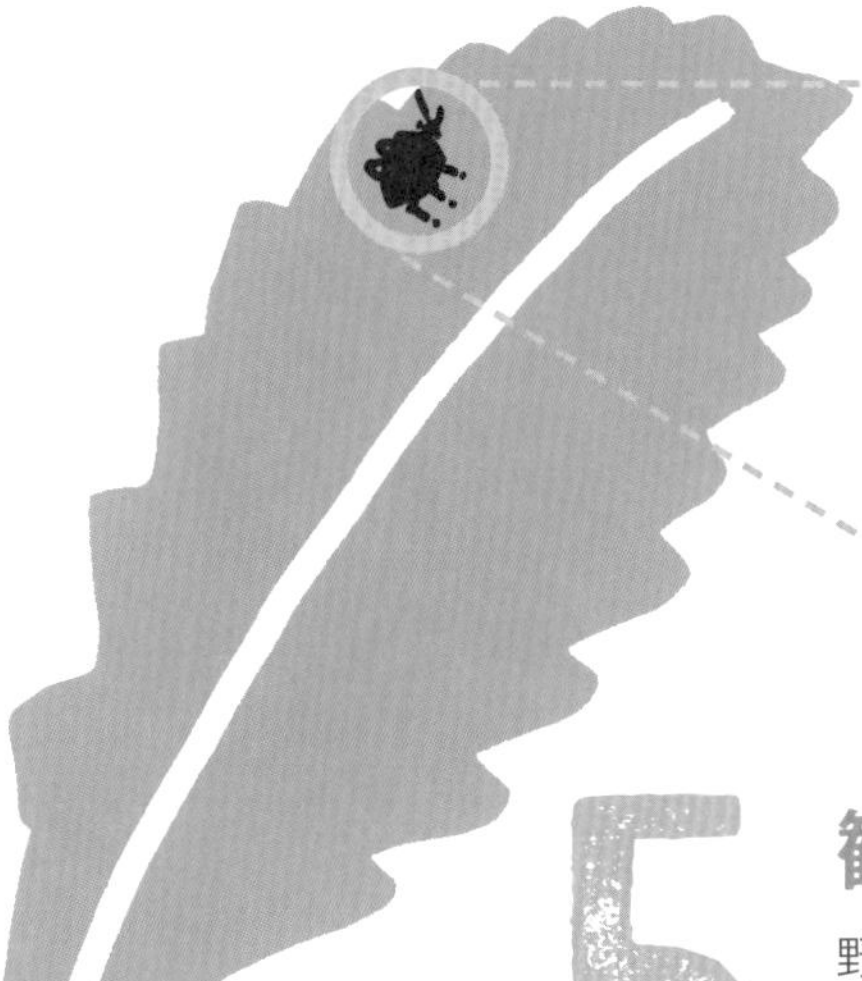

5

観察を楽しむ

野菜の育ちぐあいをチェックするのはもちろん、チョウやハチなどもじっくり観察。カメラでぐっと寄ると、害虫も繊細でかわいい姿をしているものです。

Potake《ポタケ》の図

春から夏にかけての私の菜園（Potake）です。栽培管理、観察、撮影、メモづくりなど、やりたいことがたくさんあって、毎日通っても飽きません。

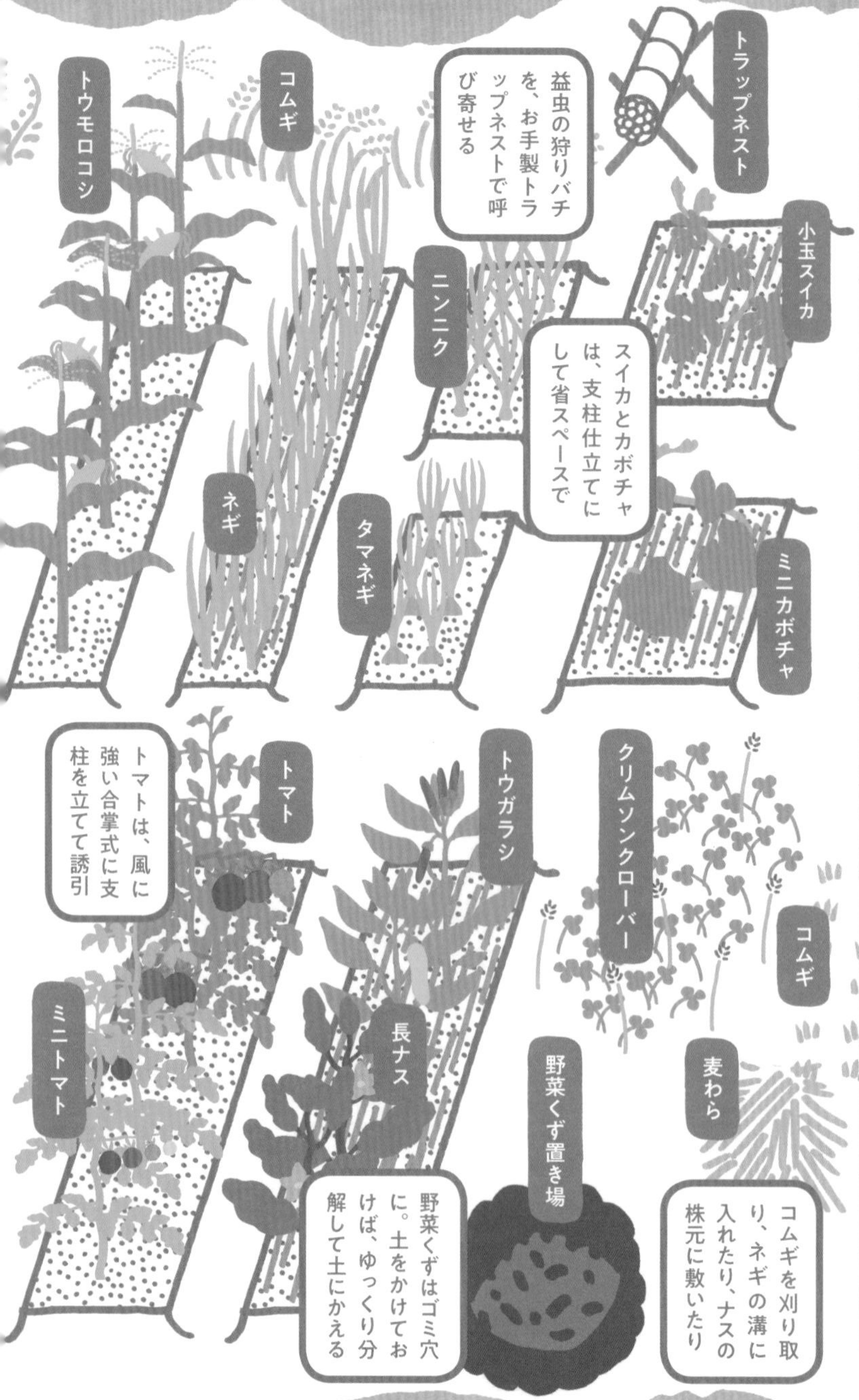

ヘアリーベッチ
ヘアリーベッチには、緑肥、雑草の抑制、バンカープランツなどの複数の効果が
ソルゴー
北と西にソルゴーの生け垣。バンカープランツ&風よけ&クリーニングクロップなどに大活躍
ジャガイモ
ローリエ
ローズマリー
ミント
低木のローリエを中心とした、益虫を呼び込むハーブガーデン。爽やかな香りでいっぱい
ソルゴー
つるや葉が広がるサツマイモは2畝分のスペースを
コマツナ
サツマイモ
机
支柱置き場
イチゴの近くにナメクジ捕獲器を
水場がないので、プラスチック製の容器で雨水の貯水タンクを手づくり
イチゴ
クリムソンクローバー
開花中のクリムソンクローバーは、益虫を集める

もくじ

CHAPTER 1

植えるまでの作業

CHAPTER 2 収穫までの作業

本書の使い方

家庭菜園をラクに楽しくするための50のアイデアを紹介しています。ちょっと変わった道具をつくって虫を集めたり、マルチを傷つけず、なるべく汚さないように張って、繰り返し使ったり……。一人でもマルチをピンと張る工夫など、なるべく手間をかけずに、野菜づくりをするためのアイデアを集めました。気になるもの、やってみたいと思うものから実践してみてください。

アイコンの見方

アイデアを活用することで得られるメリットは3つ。アイコンで紹介しています。

省エネ
手間が省ける、最初のひと工夫で、のちのちラクになる

エコ
自然と共生しながら栽培できる、資材を繰り返し使える

時短
作業時間を短縮できる

CHAPTER 1

植えるまでの作業

IDEA 01

はじめに用意する道具

1本あると重宝する三角ホー

菜園を始めるにあたって最低限用意する道具は、三角ホー、剣スコ（先がとがったショベル）、移植ゴテ、バケツ、ジョウロ、間縄《けんなわ》（16ページ参照）です。

あれ、クワはいらないの？と思うでしょうが、クワがなくても畑仕事はできます。クワの代わり、いやそれ以上に活躍するのが三角ホーです。三角形の小ぶりな刃がついていて、クワより軽くて扱いやすく、耕耘、畝立て、土寄せ、草取りなどの作業がこれ1本でできます。私は撮影用にクワを手にすることはありますが、実際の畑の作業はすべて三角ホーでやっています。三角ホーに加えて、土を掘り起こすのに使う剣スコ、苗の植えつけなどの細かい作業をするのに便利な移植ゴテの3点セットがあれば、畝まわりのあらゆる作業ができます。バケツは容量8～10ℓのもの、ジョウロは容量6ℓ程度のものが使いやすいでしょう。

ひと通りそろえたら、次に欲しいのはレーキです。畝の表面を平らにするのは、さすがの三角ホーでも難しく、ごろ土や小石をかき集めるのにもレーキが便利です。

どうしてもクワが欲しいという場合は、クワには地域性があるので、ご当地で使われているものを選ぶとよいでしょう。

POINT 三角ホー、クワなどは、軽いほど作業がラクになるわけではない。重みを利用してラクに土に刃を入れることができる。

省エネ

時短

1 三角ホーの使い方 除草に最適

立ったまま作業ができるのが大きなメリット。根元から草を刈るのにも、地面を削って小さな草を取り除くのにも使いやすい。刃先が細いため、畝間などの狭い場所でも動きはスムーズ。

2 三角ホーの使い方 土寄せや土ならしにも

除草以外にも、万能に使える。草刈りメインで使うなら、軽くて柄が短く、握り手が細いものがよいが、クワやレーキ代わりにも使うなら、大きくて重いものを選んだほうが、土にしっかりとささって使いやすい。

土の掘り起こしに使う 剣スコ

先端がとがっているので、土に突きさして掘り起こすのに便利。先端が角ばった角スコは、土をすくい、持ち運ぶのに適している。

細かい作業に使う 移植ゴテ

小ぶりで小回りが利くので、植え穴をあける、苗を植えつけるなどの作業向き。刃に目盛りがついたタイプは、深さを測るのに役立つ。

POINT 移植ゴテの長さは30㎝程度のものが多いので、覚えておくと便利。

IDEA 02

間《けん》縄《なわ》を手づくりしよう

まっすぐな畝を立てるときの強い味方

畝を立てるさいのポイントは、まっすぐにつくること。そのために重宝するのが間縄です。まっすぐな畝は管理がしやすく、作業効率もアップします。

　間縄は、畝の長さ分の丈夫なひもの両端に短い棒や支柱などを結びつけたもので、身近にあるものでつくれます。同じものを2組みつくり、畝の両側に間縄をさして、ひもに沿って三角ホーやクワを入れれば、まっすぐな畝がつくれます。私は、化学繊維でできた太いひもを使っています。あやまってクワやスコップでさしても、切れずに丈夫。20年以上使い続けています。

間縄は、畝立て以外でも便利に使えます。例えば、キャベツの苗を1列に植えつけるさい、畝の中央に間縄を張り、ひもをガイドに植え穴をあければ、まっすぐのきれいな列になります。見栄えがよいだけでなく、追肥や土寄せなどの作業がしやすくなります。

　間縄のひもに、10〜20㎝おきに印をつけておくと、株間を測る目安になって便利です。印は油性のマジックでつけてもよいのですが、紫外線で分解され、時間がたつと消えてしまうおそれがあります。ひもや布を用意し、間縄のよりを戻してすき間に挟み込んでおくと、長もちします。

POINT　ひもや布を挟んで印をつけるさい、赤などのめだつものにすると見やすい。

省エネ

時短

間縄のよりを戻して目印のひもを挟む

間縄のよりを戻し、10～20㎝おきに荷造り用のひも（ポリテープ）や布を挟む。株間を測るときなどに便利。

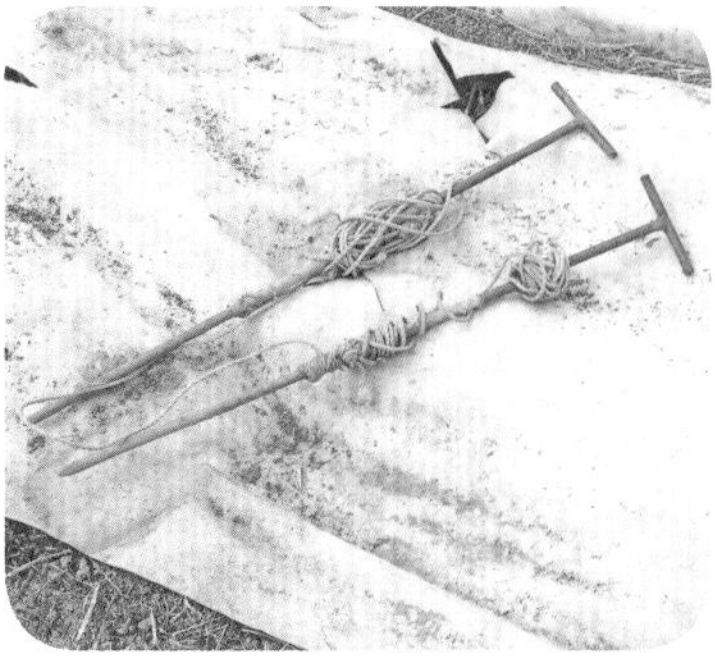

愛用の間縄

長年使用しているのは、鉄製の棒でつくった間縄。ひもの結び目がずれないよう固定するために、結び始めをガムテープで留める。長さは自分の畝の長さに合わせる。

植える位置の目安に

畝の中央に1列で苗を植えるさい、間縄を1本張って目印にすると、まっすぐに植えられる。挟み込んだひもは株間を測る目安に。

畝立てに使う

畝幅を測り、畝の両側に間縄をぴんと張る。このひもに沿うように三角ホーやクワで掘り進めることで、まっすぐな畝がつくれる。

POINT　間縄を使うさいは棒を垂直にさして、ひもをぴんと張るのがコツ。斜めにさすと、長さが正確に測れない。深さ20～30㎝までしっかりとさす。

IDEA 03

目盛りや手《て》秤《ばかり》を使う

"勘"はダメ。事前の準備で計測がラクになる

省エネ

時短

畝の幅や長さ、堆肥や肥料の量は、きちんとはかることが基本です。しかし、その都度メジャーや計量カップで計測するのは面倒です。そこで、私が実践しているのは、よく使う農具や道具に目盛りを入れておくことと、手秤などの身体尺の感覚をつかんでおくことです。

　ショベルの刃や移植ゴテの長さをあらかじめ測っておいたり、三角ホーやレーキ、クワなどの柄に30㎝間隔で目盛りを入れておいたりすると、道具をあてがうだけで畝幅や株間を素早く測ることができます。よく使う農具のあちこちに目盛りを入れておくと、ちょっとした作業のときに重宝します。バケツの内側に目盛りを入れておくのもおすすめです。

　重さを量るときは、手秤を活用しています。手秤は人体の一部をものさしにして、長さや重さなどを量るものです。あらかじめ化成肥料ひと握り分の重さが何gかを量っておけば、畑で必要なときに手早く計算することができます。計量カップを用意する必要がなくなり、ラクです。ひと握りといっても、人によって手の大きさやつかむ量が違うので、自分のひと握りを把握しておきましょう。

POINT 菜園で出番が多いのは、手を広げたときの親指と小指の間の長さ（20～22㎝）、握りこぶしの幅（8～10㎝）など。

細い竹の支柱に目盛りを入れておく

長さ20～30cmの細い竹や棒に、10～20cm間隔で目盛りを入れると、株間を測る、植え穴を掘るなどの作業のときに便利。

三角ホーの柄に目盛りを

木の柄に小刀で切り込みを入れ、さらに油性マジックを塗ってめだたせる。

ひと握りの量を量っておく

粒状の苦土石灰の場合、これで40gほど。

バケツの内側に目盛りを入れる

バケツの内側に、1ℓごとにテープやマジックで目盛りを入れる。

POINT

園芸書には、重量と体積の表記が混在していてわかりにくい。
よく使うバーク堆肥1kgは2.6ℓ、粒状苦土石灰100gは66mℓ、化成肥料100gは100mℓと覚えておくとラク。

IDEA 04

私の新聞紙活用法

広げて、包んで大活躍。防寒資材にも

新聞紙は、野菜づくりのさまざまな場面で重宝します。種まき後のセルトレーや育苗箱にかぶせておけば乾燥予防に、広げると54×81㎝の大きさになるので敷きわらの代わりになります。耐久性はけっこうあり、雨ざらしでも大丈夫。2～3枚重ねて使うとより強くなるだけでなく、地温を下げる効果も増します。

ほかにも、スイカやカボチャなどの果実を新聞紙で包んで日焼けを防いだり、果実の下に敷いて汚れや病虫害を防いだりするのに利用しています。トマトの果房にかけて日焼けや裂果から果実を守り、トウモロコシの穂に丸めた新聞紙をかぶせてアワノメイガなどの飛来を防ぎます。果実を包んで鳥害や虫害を防ぐなど、幅広い用途があります。冬期にサツマイモやサトイモなどを包んで保存するのにも使っています。

畑に通うさいにも大活躍します。収穫した野菜を包むのはもちろん、土で汚れるのを防ぐために、地面や車内、トランクに敷いています。防寒効果も意外と高いので、服の下に入れたり、長靴の中敷きにしたりすると、冬の畑でも暖かく過ごせます。新聞紙は惜しみなく使えて処分も簡単なので、畑では必須の持ち物です。

POINT 新聞紙をマルチとして使用した後は、土にすき込めば自然に分解する。

エコ

果実の日焼け防止

カボチャやスイカ、メロンなどの果実を、丸ごと包む。日焼けの予防と、接地面が汚れるのを防ぐ効果がある。

新聞紙マルチ

2～3枚重ねて端に土をのせ、風で飛ばされないようにしっかり押さえる。

野菜を包んで保存

サツマイモは1本ずつ包み、サトイモは数個をまとめて包み、室内で保存する。ふたをぴったりかぶせると内部が蒸れるので、空気抜きの穴をあけるか、ふたを少しずらしておく。

トウモロコシの防虫

新聞紙を丸めてとんがり帽子をつくり、授粉後の穂にかぶせる。穂が肥大してきたら外す。

POINT　収穫した野菜は、新聞紙に包んでから冷蔵庫の野菜室に入れると、乾燥予防になる。蒸散が抑えられて比較的長もちする。

IDEA 05

ぜひやってほしい酸度測定

菜園の前歴に応じた土づくり

野菜づくりを始める前に、いくつかやっておきたいことがあります。

まず、菜園の前歴を知り、それに応じた土づくりをします。前が開墾地や宅地、田んぼなどの場合は、土がかたく痩せてしまっています。ショベルの刃2つ分、50〜60㎝の深さを目安に掘り返し、バーク堆肥、切りわら、もみ殻などの有機物を多めに投入してよく耕します。かたい土はショベルで少しずつ削るようにして細かく砕きます。土質によっては土壌改良資材なども施します。庭の一角を菜園にする場合は、植物の根や石などを取り除きます。一方、市民農園、貸農園など、前が畑だったところは、30㎝くらいの深さまで耕して土をやわらかくしておきましょう。

次に、土壌酸度の測定です。日本の土は酸性に傾きがちですが、多くの野菜はpH6.0〜6.5の弱酸性を好みます。作付けの2週間前に酸度を測定し、アルカリ性の性質をもつ苦土石灰をまいて耕し、多くの野菜が好む弱酸性になるように土を中和させておきましょう。pHの数値を1上げるには、1㎡当たり100〜200gの苦土石灰を散布します。酸度を測定する機器はさまざまな種類がありますが、はじめに購入するならpH試験紙が安価で手軽です。

POINT 酸性に強い野菜（適正pH5.0〜6.0）は、サトイモ、サツマイモ、ジャガイモ、スイカ、ダイコンなど。

エコ

畑の雑草で土の状態がわかる

オオイヌノフグリ、ゲンゲ（レンゲ、レンゲソウ）、スギナ、オオバコなどは弱酸性の土を好み、シロツメクサ（ホワイトクローバー）、カタバミ、ナズナ、スズメノカタビラなどは酸性の土を好む。

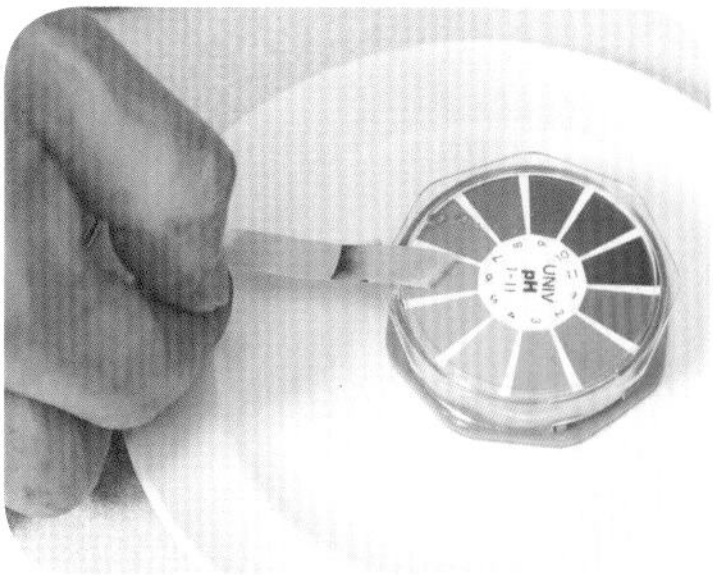

pH試験紙の使い方

土を採取して精製水と混ぜ、その上澄み液にpH試験紙をつける。ぬれて発色した部分とケースについている標準変色表を比べ、いちばん近い色の数値を読み取る。時間がたつと変色するため、素早く判定する。

石灰資材の種類と施用量の目安

貝化石・カキ殻 120～240g/㎡
貝やカキの殻を砕いて粉末にしたもの。じっくり効いて長もちする。アルカリ分40～45%。

炭酸カルシウム 100～200g/㎡
石灰岩を粉にしたもの。空気や水に触れても変化せず、障害を起こす心配がないので使いやすい。アルカリ分53%以上。

生石灰 60～120g/㎡
石灰岩を焼いて粉にしたもの、水をかけると熱を出すので扱いに注意を。アルカリ分80%以上。

苦土石灰 100～200g/㎡
石灰岩の一種のドロマイトが原料で、苦土（マグネシウム）を3.5%以上含む。アルカリ分53%以上。

消石灰 60～120g/㎡
生石灰を水と反応させたもの。生石灰とともに、アルカリ分が強いので、施しすぎないように。アルカリ分60%以上。

※粒状生石灰、粒状苦土石灰はメーカーによって直径がさまざまで、最大でも5㎜ほど。炭酸カルシウムも粒状に加工されている。ほかは粉状だったり、貝化石など粉に固形物が混じったものもある。

※数値は、pHを1上げるために必要な施用量の目安。アルカリ分が多いほど、施用量は少なくなる。

POINT　酸性に弱い野菜（適正pH6.0～7.0）は、タマネギ、ナス、ネギ、ピーマン、ホウレンソウ、レタス類など。

IDEA 06

連作障害を避ける工夫

土づくり、輪作、接ぎ木苗の利用が３本柱

畑の同じ場所で、同じ野菜または同じ科の野菜を続けて栽培することを「連作」といいます。連作を続けると、病虫害にかかりやすくなったり、収量や質が下がったりする「連作障害」を起こすことがあります。連作障害を避けるには、①土づくり、②輪作、③接ぎ木苗の利用、の順で対策をとります。

　連作障害は、水はけが悪い、肥料過多などの土壌条件が悪い場合に発生しやすいので、保水性と排水性がよい団粒構造が発達した土にすれば、おのずと被害は抑えられます。そのためには、堆肥などの有機物をたっぷりと施すこと。石灰の施用過多は土をアルカリ化するだけでなく、土をかたくしてしまうので、適量の散布を心がけます。

　異なる科の野菜をローテーションで栽培する「輪作」も、連作障害回避に有効です。数年間の作付け計画を立てて、実行しましょう。

　ナス、キュウリ、トマト、スイカ、メロンなどは、接ぎ木苗を使うことで連作による病気を予防することができます。しかし、センチュウなどの虫害は防げないので、被害が出たら作付けを休み、センチュウの生息密度を下げる効果のあるアフリカンマリーゴールド、ギニアグラス、クロタラリアを栽培するなど、思いきった手立てをとりましょう。

POINT　連作に弱いのは、エンドウ、ゴボウ、ナス、ハクサイなど。

エコ

輪作のモデル図

限られた面積で多種の野菜を栽培するときは、連作を避けるために数年分の栽培計画を立てて実践することがたいせつ。4区画に分けて1年ごとにA→B→C→Dと移動させていくと、4年間は同じ科の野菜をつくることはない。

A～Dは畑の区分け、1～4は作物の種類を表す

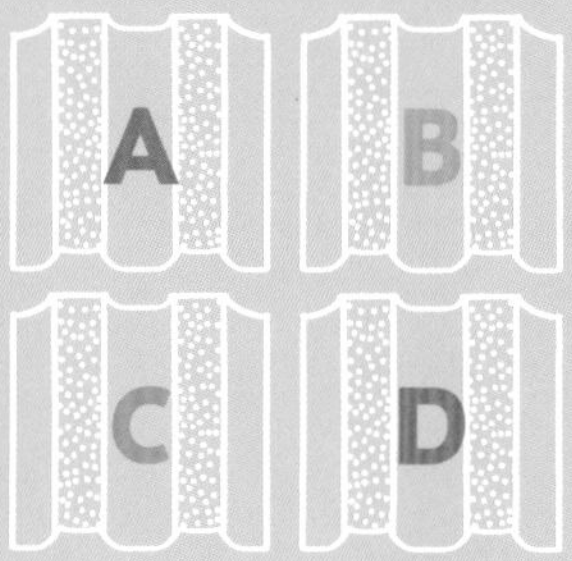

区＼年	1年め	2年め	3年め	4年め	5年め
A	1	2	3	4	1年めに戻って繰り返す
B	2	3	4	1	
C	3	4	1	2	
D	4	1	2	3	

センチュウを減らす効果のある植物

マリーゴールドには、土壌害虫のセンチュウの生息密度を減らす働きがある。被害が出た畑では栽培を1作休み、30cm株間でマリーゴールドの苗を植える。

接ぎ木苗

接ぎ木苗は、収穫したい野菜の地上部と、病虫害に強い植物の根を接ぎ合わせたもの。自根苗に比べるとやや割高だが、やむを得ず連作をする場合にはおすすめ。接いだ部分を土に埋めないように植えつけるのがコツ。

POINT 連作に強い、または障害が少ない野菜は、カボチャ、トウモロコシ、サツマイモ、タマネギなど。

IDEA 07

ラクラク施肥術

N・P・K＝8・8・8の化成肥料は汎用性が高い！

土づくりで使うのは、苦土石灰、バーク堆肥、化成肥料です。

石灰質肥料にはいくつかの種類がありますが、石灰（酸化カルシウム）に加えて苦土（酸化マグネシウム）を含む苦土石灰が使いやすいでしょう。粉状よりも粒状のほうが風で散らずにまきやすく、湿度が高い時期でも固まらないのでおすすめです。作付けの2週間前に施用して耕し、土になじませておきます。貝殻などを材料とする有機石灰は分解が緩やかなので、作付けの直前や追肥としても施用することができます。

バーク堆肥はおもに樹皮を材料とした堆肥で、分解に時間がかかる分、長もちするので、一年に1回まけば十分です。効果が長続きして、微生物の活動も活発になります。

種類がたくさんあって何を選べばいいかわからないという人が多いのが、肥料です。どんな野菜にも使いやすいのは、N・P・K＝8・8・8の化成肥料です。N・P・Kの配合比が同じで、しかも低濃度なので、まきすぎるおそれがありません。やや値は張りますが、肥料効果が長く続き、微量要素を含む、有機入り化成肥料もあります。堆肥は作付けの2週間前、化成肥料は作付けの1週間前までに施用します。

POINT　水分が多くて悪臭がする、材料の形が残っているなどといったものは、未熟な堆肥の目安。未熟な場合は、堆肥袋の口を軽く縛り、1か月ほど雨の当たらない場所に置いて分解を進める。

省エネ

1 土起こし

作付けの2週間前、苦土石灰とバーク堆肥をまいて、深さ30cmくらいまでスコップでよく耕す。

2 肥料をまく

作付けの1週間前、化成肥料をまく。

3 耕す

三角ホーで、肥料と土を混ぜ合わせる。

4 土ならし

間縄を張って畝を立て、レーキで表面をならす。

POINT 野菜の生長に必要な肥料のうち、とくに多く消費するのが窒素（N）、リン酸（P）、カリウム（K）で、これらを「肥料の三要素」という。市販の肥料には、三要素の配合比が明示してある。

IDEA 08

畝は南北畝がおすすめ

1に日当たり、2に水はけ

苦土石灰、堆肥、化成肥料をまいてよく耕したら、畝を立てます。畝とは、種をまいたり、苗を植えたりするために土を細長く盛り上げたところで、畝以外のスペースは通路となります。土を盛り上げることで、日当たりや風通しがよくなり、土の排水性、通気性が高まるなどの効果があります。

畝の向きは、畑の広さや地形などによって変わりますが、野菜に均等に日が当たることをポイントに考えると、平地では南北方向につくるとよいでしょう。夏は太陽高度が高いため、南北畝にしても野菜全体にまんべんなく日が当たります。秋冬は比較的草丈が低い野菜が多く、日当たりに問題はありません。一方、東西畝にすると、トウモロコシなどの草丈の高い野菜の北側は日が当たらなくなるので、できれば避けましょう。傾斜地の場合は等高線に沿って畝をつくり、1畝の中で高低差ができないようにします。

もう一つ考慮するポイントは、水はけです。雨上がりの畑で、水がどこに流れていくか、どこに水たまりができたかなどをチェックします。そして、水がたまったところに土を移動させて埋め、水が畑の外へ流れていくように溝を切ります。それでも水はけが改善しないところは、20～30㎝の高畝にします。

POINT　強い光を好む野菜は、カボチャ、キュウリ、スイカ、トウモロコシ、トマト、ナス、ピーマンなど。

省エネ

南北畝は日当たり良好

夏は草丈の高い果菜類が多く、ほとんど陰ができない南北畝が適している。

東西畝は日陰ができる

夏は、背丈の高い野菜の北側には日が当たらなくなる。秋から冬は陰ができにくいので、東西畝でも問題ない。

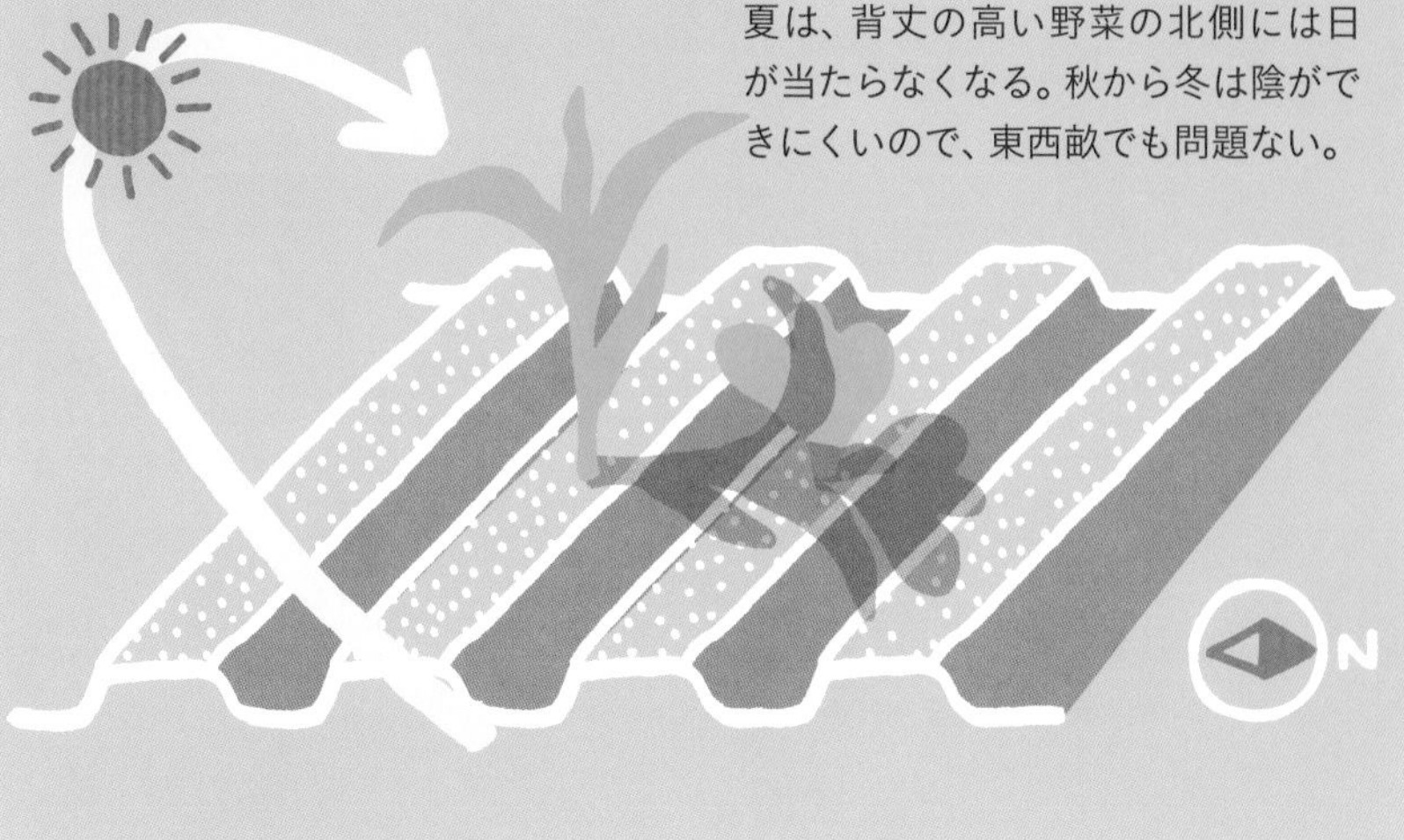

POINT 弱い光でも育つ野菜は、シソ、セリ、フキ、ミョウガなど。

IDEA 09

畝の場所とサイズを固定する

1×2mを基本のユニットに

省エネ

時短

私の菜園では、長く畝の場所とサイズを変えていません。畝と通路を明確に分けておけば、畝の土はいつもやわらかいままで、耕す労力が小さくてすみます。

　基本とするのは、幅1m×長さ2mのスペースの中央に幅60〜70㎝の畝を立て、残りの30〜40㎝を通路にあてる方法です。60〜70㎝の畝幅は手入れがしやすく、95㎝幅のポリマルチを張るのにぴったりのサイズです。1㎡当たりで表記されていることが多い肥料の量を計算するのも簡単など、多くのメリットがあります。この畝でほとんどの野菜を栽培することができますが、スイカやカボチャなどの地ばい性の野菜の場合は、畝2本分のスペースをとり、片方の畝につるを広げるようにします。

　畝の位置を固定するだけでなく、耕すこともめったにしません。省力になることはもちろん、耕さないほうが雑草は少なくなるからです。というのも、雑草の多くは発芽に光が必要な好光性《こうこうせい》種子で、耕すことで土の表面に種が出て発芽するのです。また、前作の野菜の根を残しておくと、少しずつ根が腐って分解され、空洞ができます。そこが水や空気の通り道になり、耕さなくてもふかふかの土が維持されます。

POINT 発芽に光が必要な好光性種子は、ニンジン、レタス、ゴボウ、ミツバなど。

基本の畝のモデル図

畝幅は、畝の反対側に手が届く長さが適切。広すぎると片側からしか手が届かず、作業性が落ちる。家庭菜園では、作業や観察のために通路は必須。隣の畝の通路分と合わせて40㎝ほどあると、通行しやすい。

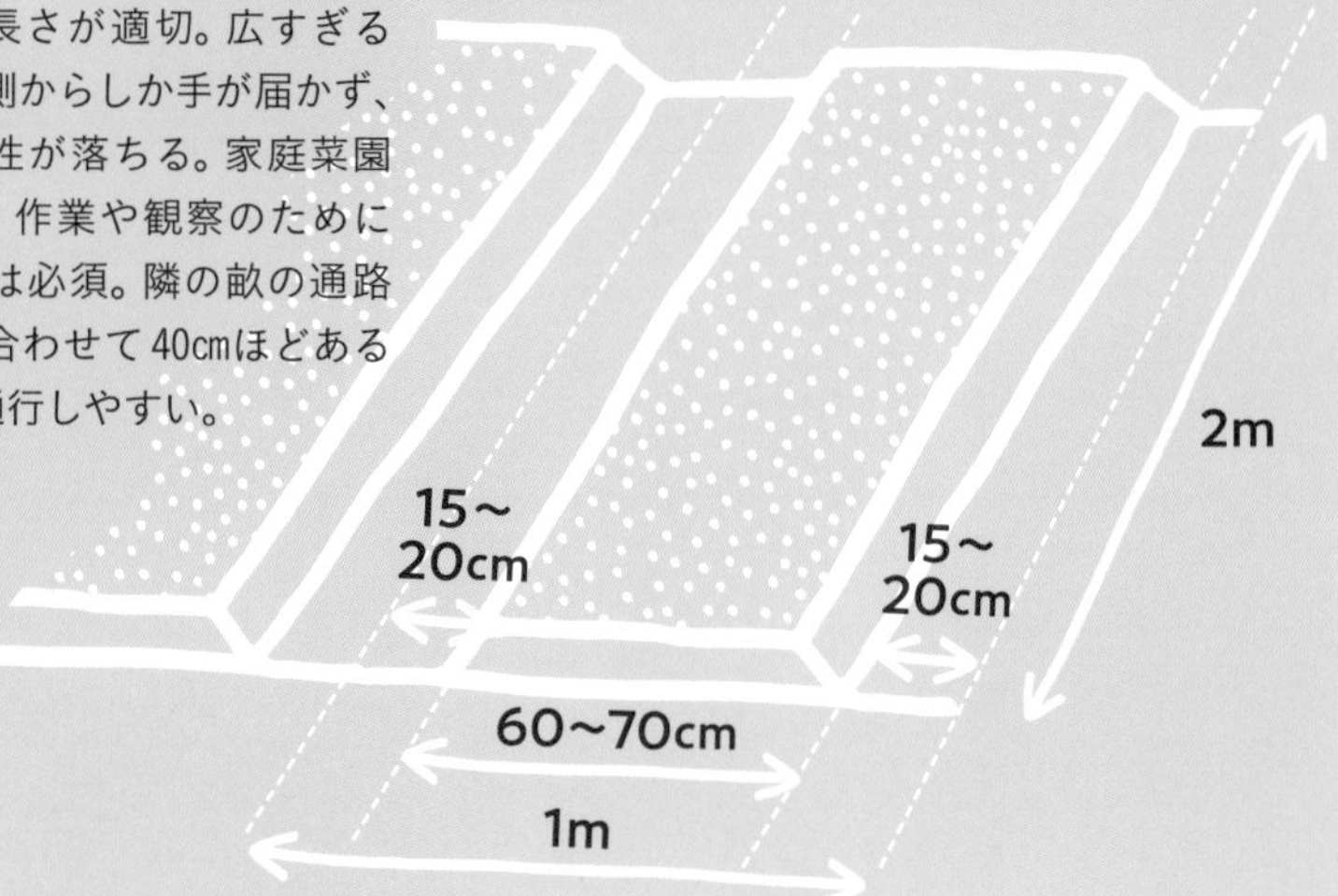

ナスの根を残してパセリを育てる

地際の茎を残してナスを片づけた後に、パセリの苗を植えつけた。ナスの根は深く広く張るので、根が消えた後の空洞に水や空気が入り込んで、パセリの生育がよくなる。

地ばい栽培の調理用トマト

畝の中央に調理用トマトの苗を植えつけ、整枝や誘引をせず、茎葉を広げる。

POINT 光が当たると発芽が阻害される嫌光性《けんこうせい》種子は、ダイコン、ネギ、ナス、トマト、トウガラシなど。

IDEA 10

畝の高さは水はけで決まる

地下水位の高さを調べよう

畝には、大きく分けて高さ5～10㎝の平畝、高さ20～30㎝の高畝があり、水はけのよしあし、栽培する野菜などによって使い分けます。

水はけは、地下水位の高さを調べるとわかります。天気のよい日に、深さ約30㎝の穴を掘ってみて、底の土がじめじめと湿っていたり、掘削《くっさく》で使ったショベルの刃に湿った土が付着していたりする場合は、地下水位が高く、水はけが悪いと判断します。

水はけが悪い畑は高畝、よい畑は平畝に、多湿を好む野菜は平畝、乾燥を好む野菜は高畝にするのが基本です。水はけがよい畑では、多くの野菜は平畝でかまいません。ただし、多湿を嫌うサツマイモなどは水はけのよい畑でも高畝に、キャベツ類などのように株元へ土寄せする野菜は、平畝よりもさらに低い、地面と同じ高さにします。

畝を立てるときは、畝の両側に間縄（16ページ）を2本張り、間縄に沿って外側の土をすくい取ります。すくった土を畝の上にのせるようにすれば高畝に、通路側に出せば平畝になります。畝の形がはっきり現れたら、表面をレーキで平らにします。凹凸があると種がまきにくいうえ、水がたまります。平らなほうがマルチを張りやすくなります。

省エネ

エコ

POINT　乾燥を嫌う野菜は、イチゴ、ゴボウ、サトイモ、ミツバなど。

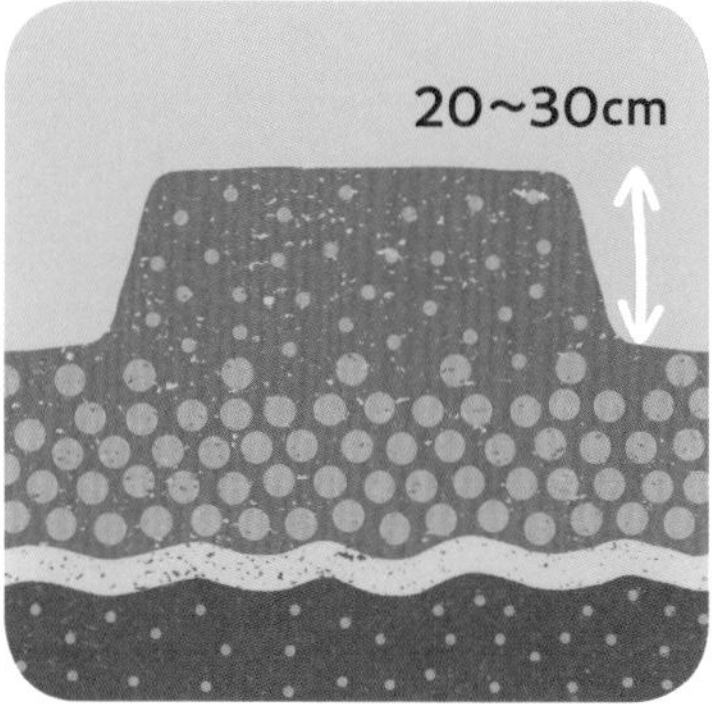

高畝

乾燥を好む野菜、根が長く伸びる根菜類を栽培するときに向く、高さ20～30㎝の畝。サツマイモ、トマト、スイカなど。これら以外の野菜でも、地下水位が高い場合は高畝にする。

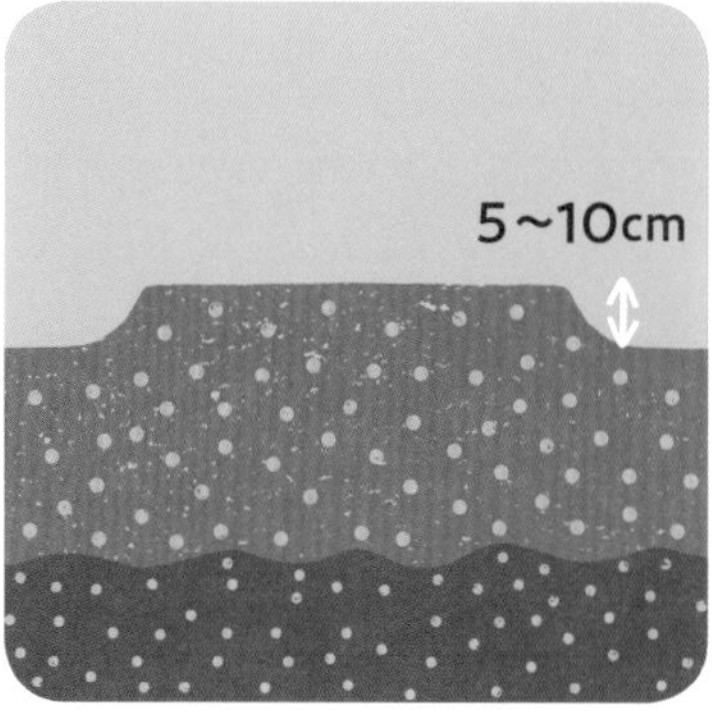

平畝

一般的な野菜の栽培に用いられる、高さ5～10㎝の畝。ナス、キュウリ、エダマメ、ホウレンソウ、ニンジンなど、水はけがよく、適度な湿りけを好む野菜に向く。

1 畝のつくり方

間縄に沿って土をすくい取る

高い畝を立てるときは、間縄に沿ってクワをあてがい、土をすくい取って畝の上にのせる。

2 畝のつくり方

表面をならしてなめらかに

畝の表面をレーキでならす。小石や土の塊を集めて通路に掃き出す効果もある。

POINT 乾燥を好む野菜は、サツマイモ、スイカ、トマトなど。

IDEA 11

マルチの効果と色

おすすめは、リバーシブルで使える白黒マルチ

マルチ（ポリマルチ）を張るのは面倒だという声を聞きますが、作付け時に手間はかかるものの、それを上回る多くのメリットがあるので、ぜひ使ってください。地温の調節や乾燥の予防、土や肥料が雨などで流れ出るのを防ぐ効果があり、野菜の育ちは確実によくなります。さらに、雨などによる泥の跳ね返りを抑えるので、病気の予防にもなります。

マルチには黒、透明、銀などの色があり、色特有の効果もあります。

多くの野菜に使えて汎用性が高いのは、黒色マルチです。雑草が生えるのを防ぐ効果が高く、はじめにマルチを敷いておけば、除草の手間が大幅に減らせます。

透明マルチは、地温上昇効果はもっとも高いのですが、雑草が生えやすいのが欠点。低温期に使うと効果的です。

私のおすすめは、地温を抑える効果が高い白と、雑草抑制効果の高い黒を組み合わせた白黒マルチです。農家は白を表にして夏のレタス栽培などで使うのですが、リバーシブルで使ってもかまいません。夏は白を表に、地温を高めたいときは黒を表にします。単色のマルチに比べれば高価ですが、ホームセンターなどで手軽に手に入るようになり、時期を問わずに使えて便利です。

エコ

POINT　緑色マルチは、地温上昇、雑草抑制とも、黒色と透明の中間のレベル。光合成に必要な波長の光を吸収するので、雑草が枯れる。

透明マルチ

地温の上昇効果が高いので、秋冬野菜に使うと、初期生育がよくなる。夏の果菜類に使う場合は、地温が上がりすぎるので、梅雨明け前に敷きわらをするとよい。

黒色マルチ

地温上昇効果は透明に劣るが、雑草抑制効果は高く、通年使える。夏は地温が高くなるが、茂った茎葉や、敷きわらをすることで抑制できる。高温を好むナスやピーマンなどに向く。

白黒マルチ

白を表にして使う。地温の上昇を抑える効果がもっとも高い。レタスやキャベツなど、高温期に秋冬野菜を栽培するときに使うと効果的。黒を表にしてリバーシブルで使っても。

銀色マルチ

光を反射し、地温の上昇を抑える効果が高い。反射光を嫌う性質があるアブラムシを寄せつけない効果もある。夏の果菜類に向く。

POINT

真夏の種まきには紙製のマルチがおすすめ。地温を下げて乾燥を防ぎ、雑草が生えるのを防ぐ効果もある。高温期は1～2か月で分解するので、そのまま土にすき込むことができる。

IDEA 12

角材を使ったマルチの張り方

一人でも張りやすい。再利用を前提に

省エネ
エコ
時短

マルチの端に土をのせて押さえるのが一般的ですが、私は周囲に角材や支柱をのせておくだけです。以前は土に埋めていたのですが、マルチを何度か使い回すため、余計な穴をあけたくないこと、めくったり張り直したりしやすいことなどを考えて、このやり方にたどり着きました。

30ページで紹介した基本の畝のサイズを例に紹介します。用意するのは、95㎝幅のマルチ、畝幅（60〜70㎝）より少し長めの80〜90㎝の支柱または角材（3.5㎝角程度）2本、長さ2m程度の支柱または角材2本、U字ピン4本、麻ひも5mです。角材は支柱よりも滑りにくく、使いやすいです。

短いほうの角材にマルチをテープ留めしてひと巻きし、マルチがたるまないように畝の上にぴんと張り、角材の両端をU字ピンで固定します。長い支柱か角材を畝の両サイドにのせて押さえます。畝の上にジグザグに麻ひもを渡してピンで留めれば、さらにはがれにくくなります。マルチの上のところどころにひと塊の土をのせて、飛ばないように押さえてもよいでしょう。

マルチの上にトンネル被覆をする場合は、2mほどの長い支柱や角材は、トンネルを押さえるほうに使います。

POINT 風があるときは、風上からマルチを張り、風下に向けて少しずつ伸ばしていくのがコツ。

1 角材とマルチをテープで留める

マルチがゆるまないよう端をテープで留めて、角材にひと巻きする。

2 U字ピンで固定

畝の端にマルチを置き、角材の両側をU字ピンで固定する。

3 両サイドに支柱をのせる

長い支柱を畝の両側にのせて端を押さえる。支柱の長さが足りないときは、2本つなげて使う。

4 麻ひもをジグザグに張る

畝の上に麻ひもを張り渡して、風ではがれないように留める。

POINT 畝の表面をならしてから、マルチをぴったりと張る。凹凸があると、植え穴から風が入り込んであおられ、はがれやすくなる。

IDEA 13

マルチ栽培の追肥法

ペットボトルを地上と地中をつなぐトンネルに

マルチはとことん使い回しています。畝の場所とサイズを固定しているうえ、マルチの端を土に埋めないので、再利用が可能なのです。次の作付けのときは、角材を一部外してマルチをめくり、元肥をまいて耕して、マルチを元に戻します。私の経験上、3回（1～2年）は十分に使えます。

現在、実践しているのは、古くからある「穴肥《あなごえ》」をアレンジした施肥のやり方で、おもに夏の果菜類の追肥に活用しています。500mℓのペットボトルの底を切って筒状にし、畝のあちこちに20㎝くらいの深さにさし込み、マルチを張ります。ペットボトルの真上に穴をあけ、筒の中に肥料を入れます。面積当たりの量を計算して入れれば、肥料は土の水分で溶けて広がるので手間はかかりません。通常は地表にまいている肥料を、根の近くの深いところに届けることができるので、肥料効率がよくなります。ペットボトルの筒は、地上と地中をつなぐトンネルの役目を果たします。マルチを再利用したときの元肥にも使えるかどうかを実験中です。

この筒には、水を流し込んでもよいのです。雨が少なく乾燥したときに水を注げば、根域に直接水分が供給されるので、野菜が生き生きとしてきます。

POINT 苗が小さいときやマルチをしないときは、株のまわりに円を描くように肥料をまく。株が大きくなったら、畝の肩に施す。

省エネ

時短

1 畝にペットボトルをさし込む

ふたを外して底を切り取ったペットボトルを、底が天を向くように50～60㎝間隔でさす。土が入らないように、ボトルの縁を少し出す。

穴肥

マルチに支柱などで穴をあけ、できた穴に肥料を入れる施肥のやり方。

3 追肥をする

ペットボトルの穴に肥料を入れる。

2 マルチを張り、穴をあける

畝にマルチを張り、ペットボトルの真上にカッターなどで穴をあけてボトルの先端を出す。

POINT

肥料は、生長が盛んな根の先端で多く吸収される。地上の茎葉の伸びと根の広がりはほぼ同じといわれているので、葉の先に施すのがコツ。

IDEA 14

わらの代わりに段ボールマルチ

梅雨明け後に敷いて、暑さをやわらげる

省エネ

エコ

マルチ（ポリマルチ）は、作付け前の畝に敷いてさまざまな効果を期待するものですが、野菜の生育中にマルチをする方法もあります。例えばナスやピーマンは、植えつけるときには地温を上げるためにポリマルチを敷きますが、真夏はマルチの下が高温になりすぎて株が弱ってきます。そこで、地温を下げるため、梅雨明け後に株元にわらを敷くことがあります。入手しにくく高価なわらの代わりに身近にある段ボールで代用することができます。

段ボールの大きさや厚さなどは、どんなものでもかまいません。株を挟むように根元に並べ、麻ひもをジグザグに渡して飛ばないように押さえます。段ボールマルチは、地温を維持して肥料や水分を保ち、敷きわらと同じ効果が得られます。紙なので伸びにくく、光をとおさないので断熱効果もあります。かなりの強度があり、雨ざらしでも1作はじゅうぶんもちます。使用後は畑の片隅に積んでおけば、自然に分解します。

私は、畝にマルチを敷くと同様に、通路には防草シートを敷いています。黒色が多いですが、緑色のときもあります。雑草が生えるのを防ぐのはもちろん、畝と通路をはっきりと分ける目的があります。

POINT 不織布マルチは肥料のもちがよく、夏は表面から水分が蒸発して地温を下げる効果もある。上から追肥や水やりができる利点がある。

1 株を挟むように段ボールを敷く

株の両側に段ボールを敷く。

2 麻ひもをジグザグに渡す

段ボールが飛ばないように麻ひもをジグザグに渡し、要所をU字ピンで留める。

通路に防草シートを敷く

除草の手間を減らすため、通路に防草シートを敷く。雨による泥跳ねを防いで病気の予防になるうえ、土で汚れないので通常の管理はスニーカーで十分。

段ボール箱をかぶせて軟白

チコリや黄ニラなどは、段ボール箱をかぶせて光を遮り、軟白させる。

POINT　一度収穫した後のニラの株に、段ボール箱をかぶせて遮光すると、7～10日ほどで黄ニラができる。

COLUMN #1

栽培日誌をつけよう

20年来、畑の記録をつけています。毎日の天気と気温、作業などを記録するほか、1週間後までの天気予報、この先1か月くらいの作業予定なども書き込んでいます。表計算ソフトに記入しているので、日付、野菜名、作業などで検索すれば、過去の該当データがズラリと出てきて便利です。昔は、パソコンでデータ管理をしていましたが、いまはパソコンとスマートフォンでデータを共有しているので、畑にいながらスマートフォンで調べたいことを確認したり、スマートフォンに書き込んでパソコンに記録したりすることもできます。

過去に栽培した野菜とその品種、畝幅、株間、肥料などの栽培に必要な基礎データもすべて入れてあるので、スマートフォンで検索すれば、すぐに作業が始められるようになっています。意外と便利なのが、季節ごとの太陽の高度のデータで、夏の果菜類などを植えつける場所を決めるのに役立ちます。

種まき、植えつけ、間引き、追肥などの日付はもちろん、初収穫、除草、片づけの記録も欠かせません。とくに果菜類の植えつけ時期は、収量にかかわることなので重要です。病気や害虫は、発生した日付を記録するとともに写真を撮影し、病名、虫の名前や生態を調べて記録しているので、次に栽培するときに役立っています。

記録を残しておくと、過去の栽培と比較することができるのが大きな強みです。この作業をいまやろうか、先延ばしにしようかと迷ったときは、必ず見直して参考にしています。新しい栽培法の工夫を思いつくのも、記録を残してあるからこそ。記録は大切な財産です。

作業記録

日付		天候	作業	その他
5/21	木	最高 25.1℃ (15:20) 最低 13.5℃ (5:10) 夜半雷雨、日中晴。 風速5.0m。	『鳴門金時』伏せ込み。メロン植え込み。支柱、防虫ネット設置。キュウリ、メロン、トマトにシルバーマルチ。サチャインチ浸種。	ミツバのキアゲハ幼虫写真撮影。キイロテントウ撮影。サチャインチの種子など着荷。メロン定植。ウリハムシ退治器考案中。
5/22	金	最高 25.8℃ (12:30) 最低 13.0℃ (3:50) 晴。風速4.4m。	トマトに500倍液肥の追肥約10ℓ。虫取り器試運転。プランターの加工用トマト『しゅほう』の開花。	サチャインチの苗・種注文。乾電池式ハンディークリーナー、ウリハムシ退治器に流用成功。
5/23	土	最高 28.3℃ (13:30) 最低 14.7℃ (4:40) 晴。風速3.1m。	トマトにカルシウム剤散布。サツマイモの畝準備。スギナ除草。虫取り器試運転。サチャインチ播種。	
5/24	日	最高 26.5℃ (14:20) 最低 18.3℃ (4:30) 晴。風速2.6m。	サツマイモ畝のわきの耕耘。スギナ除草。ジャガイモに穴肥。ダイコン3本め収穫。	夕方：ツルニンジン、サチャインチの苗着荷。

日付、天候、畑での作業内容を表にしてまとめています。ここでは記載していませんが、プライベートの予定も同じ表に書き込んでおり、スケジュールはこの1枚の表で管理をしています。

CHAPTER 2

収穫までの作業

IDEA 15

購入苗からスタート

チェックポイント多数、苗選びは慎重に

種や苗は、信頼のおける種苗会社のものを、保存や管理の行き届いた種苗店で購入することをおすすめします。苗の場合は、ラベルに品種名、製造者名などがきちんと明記してあるものを選びます。記載のない苗は、避けたほうが賢明です。通信販売で購入するときも同様です。

　種はあらゆる野菜のものを売っていますが、苗は種類が限られます。苗が出回っているのは、おもにナスやトマト、キュウリなどのように気温が低いときに種をまく、育苗期間が長い野菜と、キャベツやブロッコリーのような大型の葉菜類などです。苗づくりには、温度や水分、日照などの難しい管理が必要なので、初心者は苗を購入したほうが失敗しにくく、うまく育ちます。

　苗選びのポイントは、植えつけ適期のサイズであることが第一です。次いで、全体的にがっちりしていて、葉色は濃すぎず薄すぎず、葉裏と先端に害虫の被害がないか、病気にかかっていないか、ポットの土が固まっていないか、根が浮き出ていないか、底穴から根が見えていないかなどをチェックします。

　夏の果菜類の場合は、植えつけ適期よりも小さい苗はすぐに植えつけずに、風が当たらない暖かい日向に置いて養生させます。

省エネ

時短

POINT　キャベツやブロッコリーは、本葉5～6枚で病虫害を受けていない苗を選ぶ。双葉がついていればなおよい。

よい苗の条件

ナス

- ✓ 本葉が8～9枚で、その上に最初のつぼみ（1番花）がついている
- ✓ 葉が濃い黄緑色
濃い緑色のものは肥料過多、色が薄いものは生育不良

よい苗の条件

トマト

- ✓ 本葉が7～10枚
- ✓ 草丈が30～35cm
- ✓ 第1花房の花が咲き始めている

よい苗の条件

ピーマン

- ✓ 本葉が12～13枚
- ✓ 苗の先端に1番花のつぼみがついている

※写真は接ぎ木苗

よい苗の条件

キュウリ

- ✓ 本葉が2～3枚
- ✓ 子葉が残っている
- ✓ 葉は厚みがあり、緑色でつやがある

POINT　苗を購入するさいは頻繁に売り場を回り、よい苗がそろっている入荷直後をねらう。時間がたつと苗が傷み、徒長・老化した苗しか残っていないことも。

IDEA 16

種のまき方の種類と特徴

管理がしやすいのはすじまきと点まき

省エネ

時短

種のまき方には、ばらまき、すじまき、点まきの3通りのやり方があり、それぞれ一長一短があります。

ばらまきは、適当な間隔をあけて種をパラパラとまくことです。種をまくのは簡単ですが、間隔を均等にあけるのが意外と難しいこと、間引き、追肥、土寄せ、除草などの管理作業がしづらいなどのデメリットのほうが大きく、私はあまり使いません。

すじまきは、まっすぐなまき溝をつくり、等間隔で種をまくやり方です。適正な株間にするために、生長に応じて間引きながら育てます。間引き菜を含めて収穫期間が長い野菜、種が細かい野菜に適しています。間引きなどの管理はしやすいのですが、いっせいに発芽しないと生育が不ぞろいになります。また、マルチを張るとすじまきができないので、保温効果を期待する時期と保温が必要な野菜には向きません。

点まきは、一定の間隔をとってまき穴をあけて、1穴に数粒の種をまくやり方で、間引きながら大きく育てる野菜に向いています。はじめから株間をあけて種をまくので、株間不足になる心配はありません。すじまきに比べて種の節約になり、間引きなどの作業も簡単、マルチとの併用も可能です。

POINT　すじまきに向く野菜は、コマツナ、ホウレンソウなどの葉物、ニンジン、ラディッシュ、小カブなど。

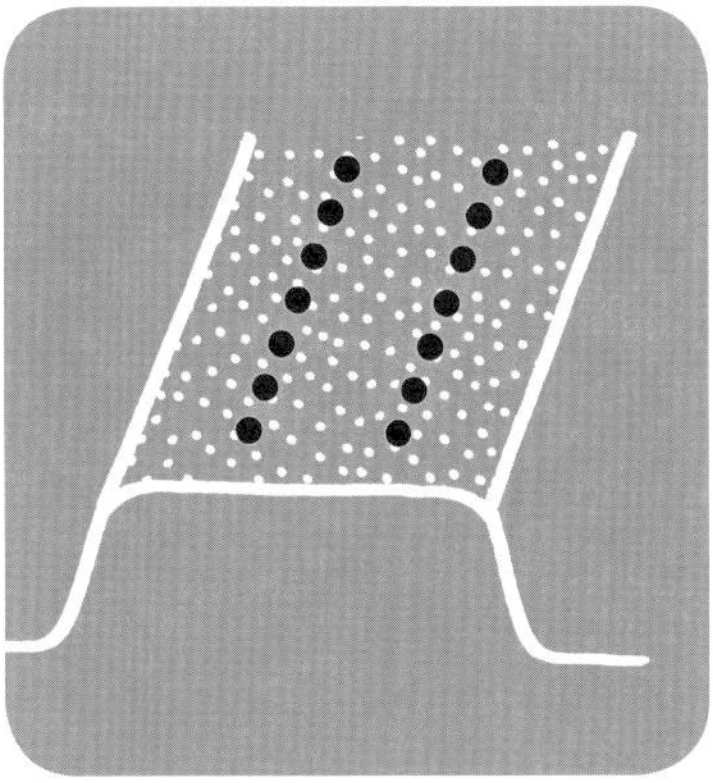

すじまき(畝と平行)

ニンジンなどのように、追肥と土寄せをしながら育てる野菜に向く。条間を広くとる野菜は、畝に垂直にまくより作業がしやすい。

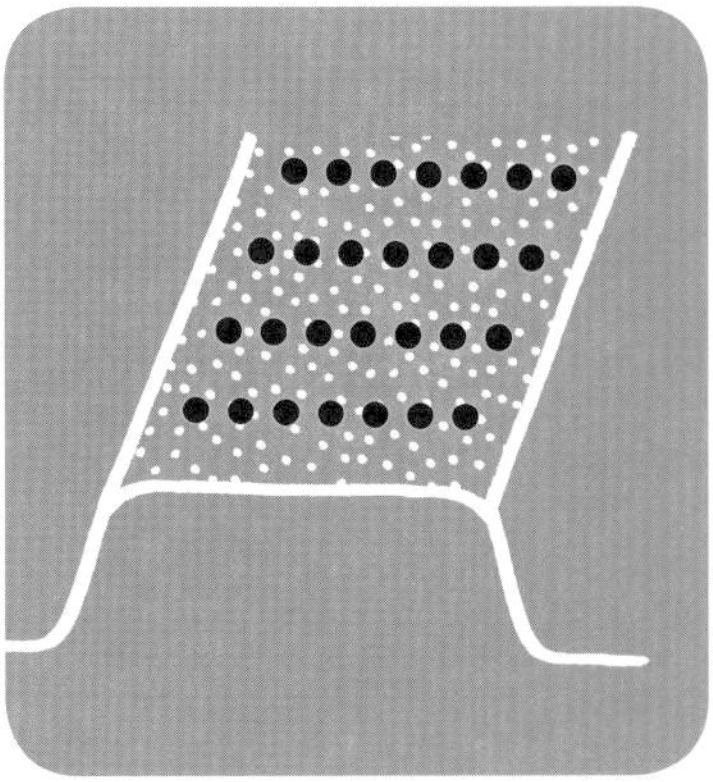

すじまき(畝と垂直)

コマツナ、チンゲンサイ、カブなどの、土寄せや追肥をしないで収穫できる野菜に。畝をブロックに分けて複数の野菜を栽培できる。

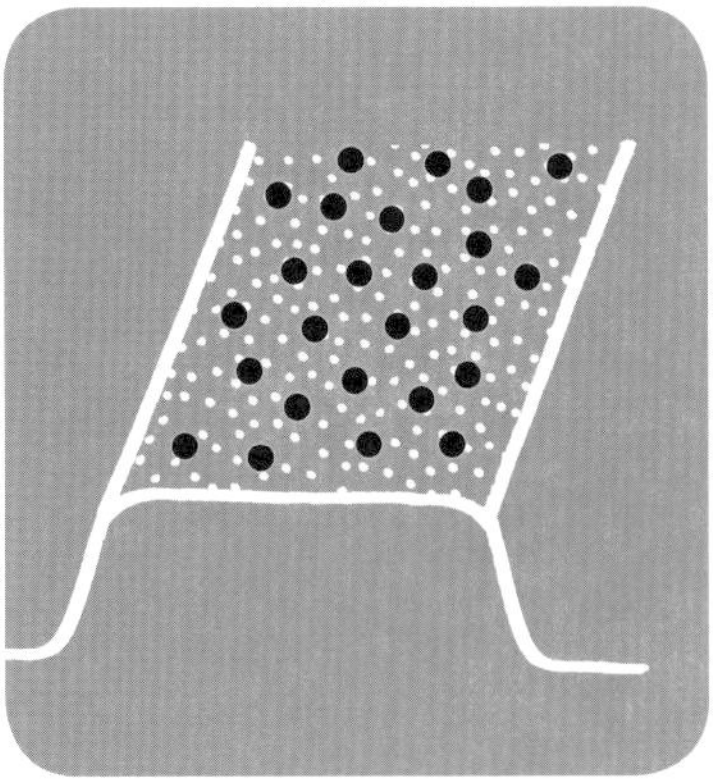

ばらまき

スペース全体に、適当に間隔をあけて種をパラパラとまく。短期間でとれるコマツナやホウレンソウなどの葉物に適する。

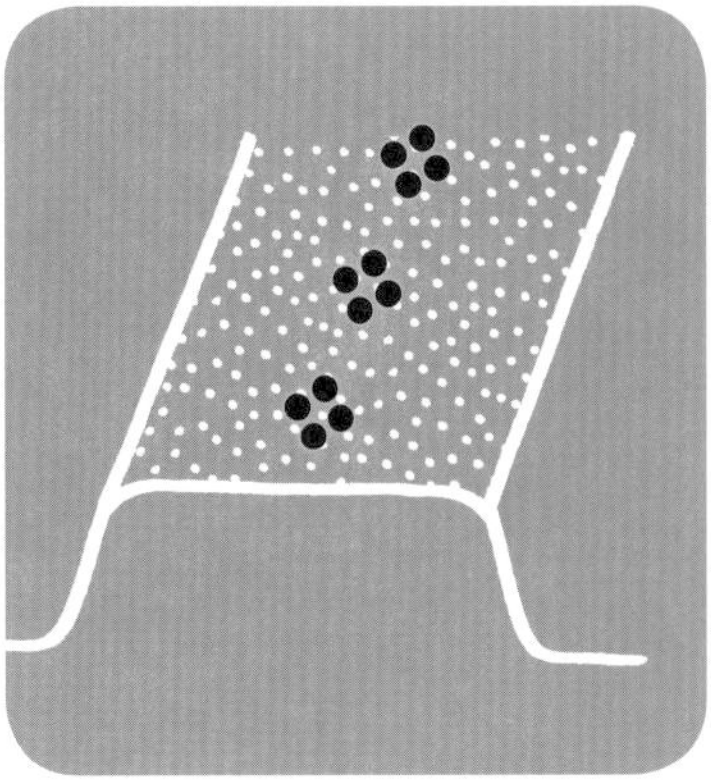

点まき

間引きを重ねて育てる、ダイコンやハクサイなどに向く。発芽しなかった場合は、追いまきが可能。ほかのまき方では、生育が遅れて十分に育たない。

POINT　点まきに向く野菜は、ダイコン、ハクサイ、レタス、オクラ、クウシンサイ、モロヘイヤなど。

IDEA 17

「打ち込み板」で畝をたたく

発芽をそろえるひと工夫

雨が止んで一昼夜たってから種をまくのが理想的ですが、タイミングが合わない場合は、雨の直前にまくようにします。ジョウロ1杯の水をまいたところで、土の表面をわずかに湿らせるだけで大きな効果はありません。〝恵みの雨〟に期待するのが賢明です。

種まきのさいは、すじまきの場合は支柱や板切れなどを押しつけてまっすぐなまき溝をつくり、点まきの場合は底が平らな直径5〜7㎝程度の缶や瓶を押しつけてくぼみをつくります。まき溝もまき穴も、深さを一定にするのが重要です。深さが違うと、発芽するまでの時間に差が出て、不ぞろいになるからです。深さは、小さい種は浅く(0.5〜1㎝)、大きい種は深く(2〜3㎝)が基本です。覆土したら、手のひらでしっかり押さえて鎮圧します。種と土を密着させることで種が乾きにくくなり、発芽が促進されます。

乾きやすく発芽に時間がかかる夏まきのニンジン、ホウレンソウは、「打ち込み板」で畝の表面をたたいて固めてから種をまき、覆土後もさらにたたきます。土が締まることによって、種のまわりに土が密着して乾きにくくなり、発芽がそろいます。晩秋まきのホウレンソウは、幼苗のころに足で体重をかけて踏むことでたくましく育ちます。

POINT 種にかける土は、種の大きさの約3倍が目安。

省エネ

1 打ち込み板でたたく

長さ40cm、幅10cm、厚さ3cmのものが使いやすい。広い面で畝の土をならす。

2 まき溝をつくる

打ち込み板の側面を押しつけて、深さ1cmのまっすぐな溝をつくる。

3 種まき

1cm間隔で種をまいて土をかける。

4 ふたたびたたく

覆土後、種をまいた場所を中心に畝の全面をたたく。足で踏んでもよい。

POINT　打ち込み板はある程度の重みがあるものが使いやすい。

IDEA 18

セルトレーは底面吸水で失敗ナシ

種が浮かず、水をたっぷり含ませられる

省エネ

時短

セルトレーや育苗箱は、コンパクトな容器に種をまいて、一度に多くの苗づくりができて便利です。育てた苗を畑に定植したり、ある程度の大きさに育てて、さらに大きな鉢（ポリポット）に植え替えたりするなど、育苗の基本資材として活躍します。ポリポットよりも土の量が少なく、乾燥しやすいのが難点で、上からジョウロで水をやると、種が浮いて流れてしまうおそれがあります。

そこで、水をためられるトレーを下に敷いて、底から水を吸わせるようにすると失敗がありません。セルトレーに詰めた土にたっぷりと水を含ませてから種をまき、土をかけた上にタオルか不織布、透明のプラスチックフィルムをかけて水分を保ちます。水やりのさいは、トレーに水を注いで吸水させます。しばらくおいて土が湿ってきたら、トレーに残った水を捨てます。つねに水浸しの状態だと根腐れを起こしたり、根の伸びが悪くなったりするので、水はためずにその都度捨てます。

このやり方はほとんどの野菜に向きますが、とくに種が細かいレタスやセロリなどはこの方法がベストです。レタスやセロリは発芽に光を必要とする好光性《こうこうせい》種子なので、土をかけなくても芽が出ます。

POINT セルトレーなどに種をまくさいは、種まき用の培養土がおすすめ。粒子が細かくてまきやすいうえ、無菌に近いので安心して使える。肥料分は少ないので、双葉が展開したところで植え替える。

1 セルトレーに培養土を入れる

種をまく前日、セルトレーに種まき用土を入れる。セルトレーの縁まで土を入れてならす。

2 水やりする

トレーに入れて、上からたっぷりと水やりする。トレーに水がたまるほどじっくり水やりしたのち、余分な水を捨てる。土に水を浸透させるため、一晩おく。

3 種をまいて土をかける

翌日に種をまき、ふるいで土を均一にかける。

4 プラスチックフィルムで覆う

低温期は保湿のため、プラスチックフィルムをかける。適宜、水やりをして発芽を待つ。トレーに水を注ぎ、土が湿ったところでトレーに残った水を捨てる。

POINT　セルトレーのセル（１穴）の規格はさまざまなものがあり、育てる野菜や育苗日数によって使い分ける。セルが大きいほうが土の量が多く、水やりなどの管理がしやすいので、初心者にはおすすめ。

IDEA 19

夏の芽出し処理は冷蔵庫で

発芽適温が低い野菜の夏まきのコツ

種が発芽するためには、水分と酸素のほかに適度な温度が必要です。発芽に適した温度帯を「発芽適温」と呼び、野菜ごとに違います。気温が発芽適温にあたる時期は、水と酸素が適度に供給されていれば自然に発芽します。しかし、発芽適温から外れた時期に種をまく場合は、適温にするためのひと工夫が必要です。

芽が出るきっかけをつくる作業は、「芽出し処理」または「催芽処理」といわれます。私は、夏にホウレンソウやレタスの種をまくときにやっています。どちらも発芽適温は20℃前後と低く、8〜9月の種まきは気温が高すぎて発芽不良になることがあるからです。

種まきの3〜4日前、種を一晩水に浸したのち軽く水を切り、20℃前後の冷暗所に置きます。真夏に20℃ぐらいの涼しいところはなかなかないので、私は冷蔵庫の野菜室に入れています。2〜3日後、種皮が割れて白い根が少し見えたところで土にまきます。根が長く伸びていると、まいたときに傷むので、白い芽（根）が「ちょろっと」見えたくらいがコツ。ここまで伸びれば、あとは温度が高くても発芽します。

レタスは、種まき後も遮光ネットをかけて日中の日ざしを弱め、できるだけ涼しい環境で育苗します。

POINT　発芽適温が高い（20〜30℃）野菜は、ナス、ピーマン、トマト、キュウリ、カボチャなど。

省エネ

1 浸水した種を冷暗所に置く

だしパックやガーゼに包んだ種を一晩水に浸したのち、ポリ袋に入れて冷蔵庫の野菜室に置く。

2 2～3日後、白い根が出る

種皮が割れて白い根が見えてきたら、芽出しは成功。根が伸びすぎると種まきのさいに傷むので、毎日チェックする。

3 種をまく

ポリポットやセルトレー、または畑に種をまく。ポリポットやセルトレーの場合は、前日に水やりして土を湿らせておいたうえで種をまき、底面吸水で水を補給する（50ページ参照）。

4 不織布などで覆い、水やり

底面吸水をしない場合は、不織布をかけて、ジョウロの注ぎ口に指を当ててやさしい水流で水やりする。

POINT 発芽適温が低い（15～20℃）野菜は、ホウレンソウ、レタス、シュンギク、ミツバ、ニラなど。

IDEA 20

果菜類は胸ポケットで芽出し処理

身近なものを活用して保温する

省エネ

エコ

52ページでは、気温よりも発芽適温が低い野菜の芽出し処理を紹介しましたが、ここでは発芽適温が高い場合の芽出し処理と育苗のやり方を紹介します。2~3月に種をまくトマトやナス、キュウリなどは、発芽適温の25~30℃にしなければ発芽がそろいません。農家などでは、ビニールハウスや電熱シートなどの加温設備を使って育苗しますが、設備がなくても発芽・育苗は可能です。

まず、種を一晩水につけます。翌日、軽く水けを切ってキッチンペーパーに包み、乾かないようにポリ袋に入れ、シャツなどの胸ポケットに入れて保温します。胸ポケットの中の温度はまさに発芽適温で、発芽が早まります。

2~3日後、白い根がわずかに見えたら、種まき用土を詰めたセルトレーかポリポットに種をまきます。これを建築などで使う硬質スチロールでつくった保温箱に入れて、透明のプラスチックフィルムをかぶせます。室内の日の当たるところに置き、夜間はふたをします。2月中旬以降は、フィルムで密閉したままでは温度が上がりすぎるので、フィルムを開閉して温度調整します。発芽したらフィルムを外し、少しずつ外気に慣らすようにします。

POINT　おもな果菜類の育苗日数。ナス科のトマトは60日、ナス・ピーマンは90日。ウリ科はおおむね30日程度。

1 胸ポケットで保温

十分に浸水させた種を、胸ポケットに入れて温める。肌により近いほうが体温が高いので、下着の上などがより有効。

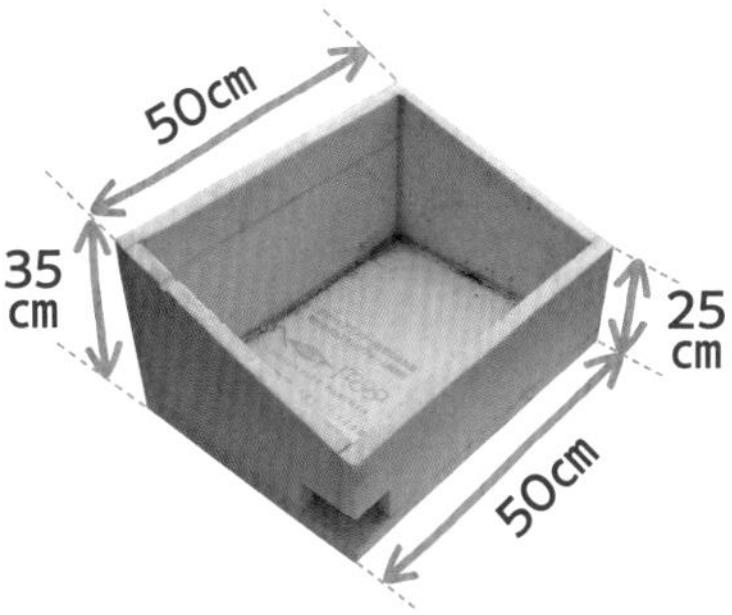

2 硬質スチロールで保温箱をつくる

よく日が当たるように、手前を低くした箱をつくる。軽くて加工しやすく、断熱効果も高い硬質スチロールを寸法どおりに切り、専用の接着剤で貼り合わせる。資材はホームセンターなどで手に入る。

3 プラスチックフィルムをかける

保温箱にポリポットを入れて透明のプラスチックフィルムをかけ、まわりをひもで留める。低いほうを日が当たる方向に向けて置く。

4 夜間はふたをする

夜はふたをして保温する。朝、ふたを外すのを忘れないように。

POINT 地温を測るため、ポリポットに温度計をさしておくとよい。大きめの棒状のものは、プラスチックフィルムを張った上からも見えて便利。

IDEA 21

穴をあけないべたがけのコツ

不織布を繰り返し再利用

省エネ
エコ
時短

種をまいて土をかけたら、不織布を「べたがけ」にしてその上から水やりします。べたがけによって、水やりで種が浮いたり、雨で土が流れたりするのを防げます。不織布は水を通すので水やりが簡単で、軽度の保温と保水、遮光に加えて虫よけの効果もあります。また、発芽の様子もかけたまま観察できるので、種まきとは切り離せない必需品です。軽くて使いやすく、2〜3回は使い回せるうえ、安価なのもうれしいメリットです。

　不織布は、マルチ同様、端を土に埋めるのが従来の使い方ですが、繰り返し使うために汚さず、穴をあけなくてすむように工夫しています。畝の上に不織布をかけ、マルチ同様、周囲に角材や支柱をのせて押さえ、角材の両端をU字ピンで固定します。U字ピンに麻ひもを通して対角線に渡せば、さらにはがれにくくなります（36ページ参照）。

　不織布を外すタイミングは双葉が出そろった時期ですが、不織布の大きさに余裕があれば、余った不織布の端を角材に巻きつけておくと、株が生長したときに「浮きがけ」に移行させられて便利です。ぴんと張った不織布が野菜の生育を妨げるようになったら、巻きをほどいてふんわりとかけ直し、不織布と野菜の間にすき間をつくりましょう。

POINT　べたがけは、保温・保湿性を高めるために被覆資材を畝に直接かけること。

麻ひもを張って留める

不織布の上に対角線上に麻ひもを張ってU字ピンを通し、ピンを四隅にさして留める。長い畝の場合は、麻ひもをジグザグに張って留める。

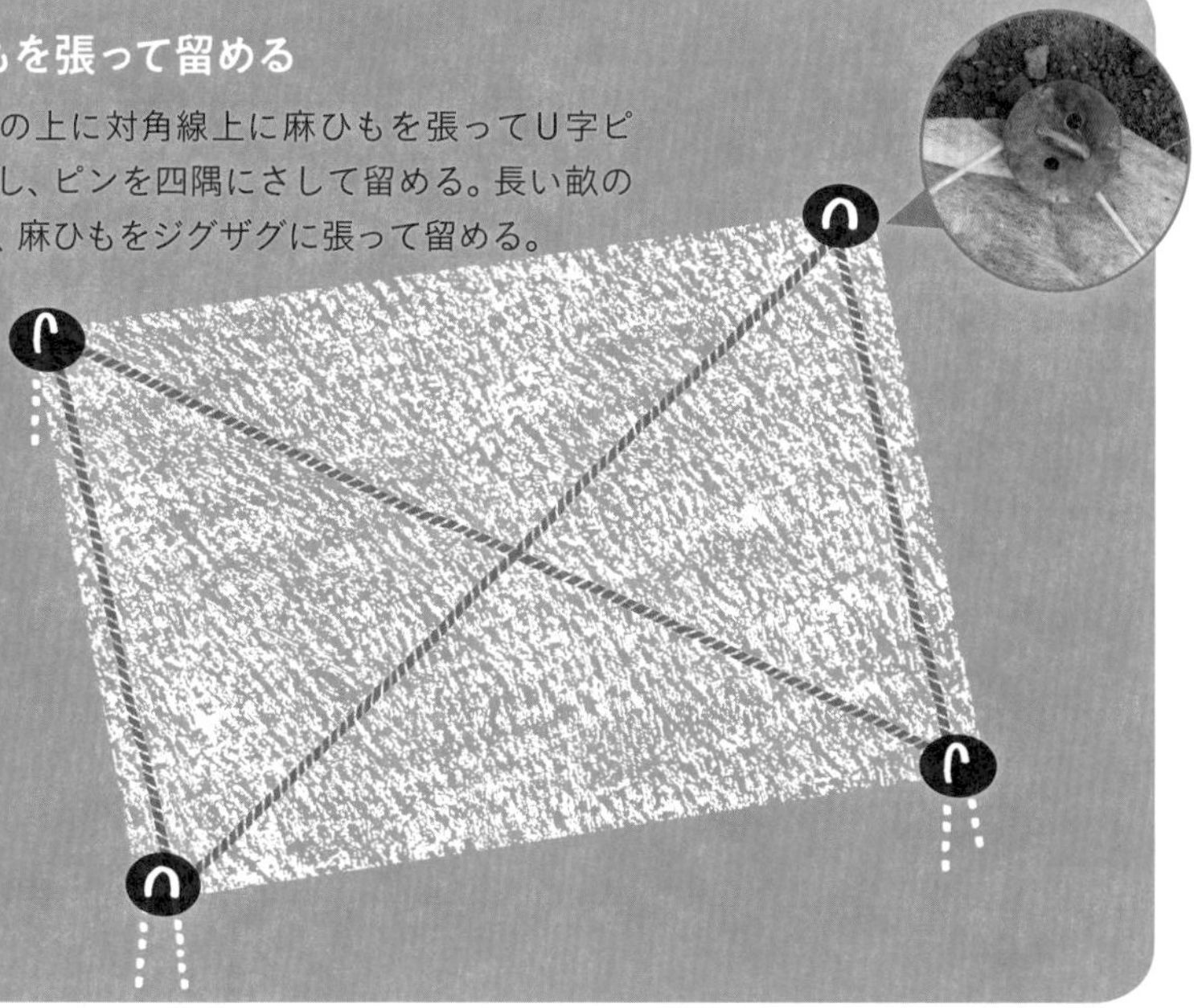

支柱をのせて押さえる

不織布の上に支柱をのせて、風で飛ぶのを防ぐ。

周囲にレンガを置いて押さえる

不織布の周囲に、重し代わりのレンガを置く。

POINT

浮きがけは、被覆資材と葉の間にすき間をつくって畝を覆うこと。株の上に直接覆う場合と、トンネル支柱などの上にかける場合がある。

IDEA 22

季節ごとに変える植えつけの時間

春はていねいに、夏は簡単に

省エネ

苗の植えつけは、小さなコツが目白押し。とくに春の果菜類は寒さに弱いので、前日から準備をし、暖かくなった午後に植えつけ、できるだけ寒さにあてないようにします。前日、畝を立ててマルチを張り、植え穴にたっぷりと水を注いだうえ、プラスチックフィルムなどをべたがけして、地温を上げておきます。マルチを張らない場合は、畝全体に水をまいておきます。

当日の午前中、ポリポットの底穴から水が流れ出るくらいまで苗に水やりし、気温が上がる午後に植えつけます。植え穴に苗を入れたら、畝の土と根鉢のすき間を土で埋め、軽く水をかけて土と根鉢を密着させます。水はあらかじめ植え穴と苗に与えているので、水やりはほんの少しで十分。冷たい水をたくさんかけると、地温が下がります。植えつけ後、活着するまでの1週間ほどはあんどんやホットキャップで保温します。

8〜9月に植えつけるアブラナ科野菜は、あまり気を使わなくても大丈夫です。苗にたっぷりと水やりしたうえで、朝夕の涼しい時間帯に植えつけます。葉に水をかけないように注意するだけ。キャベツ類やネギは移植に強く、植えつけ時はしおれていても2〜3日たつとしっかり起き上がるので心配いりません。

POINT マメ類は土の水分でじゅうぶん発芽するので、種まき後に水やりしない。水が多いと種が腐る。

葉に水をかけない

くみ置きの温まった水を根元に注ぐ。葉にかけないように注意する。注ぎ口に指を添えて、勢いをやわらげる。

畝の土と根鉢を密着させる

植え穴に苗を入れてまわりから土を寄せ、根鉢と土を密着させる。

ホットキャップで保温

苗の上にプラスチック製のホットキャップをかけたり、十字に立てた支柱にポリ袋をかぶせたりして保温する。地温が上がってきたら、上部に換気用の穴をあける。

ポリ袋であんどんをつくる

底を切ったポリ袋で苗を囲い、四隅に支柱を立てて袋を押さえる。

POINT　イモ類、トウモロコシも、植えつけ後の水やりは不要。水が多いと腐敗して活着不良になる。

IDEA 23

用途に合わせたジョウロの使い方

わらや枯れ草を詰めて、水流を調整

水やりの道具といえばジョウロですが、はす口の使い方しだいでさまざまな効果が得られます。はす口は、ジョウロの先端に取り付ける小さな穴がたくさんあいた器具で、広く均等に散水することができます。

はす口は下に向けて使うことが多く、少し強めの水流が狭い範囲にかかるので、種まき後に不織布をべたがけしたときや、葉にかけずに根元だけに水やりしたいときなどに使います。はす口を上に向けると、やわらかい水流が広い範囲にかかります。

はす口を外して注ぎ口にわらや枯れ草などの細長いものを詰めると、いちばんやさしい水流になります。少しずつちょろちょろと出るので、土がえぐれたり種が流れたりすることがありません。育苗中、葉にかけずに鉢土だけに水やりできるテクニックです。注ぎ口を指で押さえて調節する方法もあります。

畑で水をやるのは、種まきと植えつけのときだけです。基本的に、ひどい日照り続きのとき以外はやりません。土の深いところは湿っているので、根は水を求めて深く張るようになり、丈夫な株に育ちます。水をやりすぎると根の張りが浅くなるだけでなく、過湿によって病気にかかりやすくなるなど、いいことは一つもありません。

POINT ジョウロは、水を入れると重くなることを見越して、扱いやすい容量のものを選ぶ。

省エネ

はす口を上に向ける

広い範囲に、やわらかい水流が均一にかかる。

はす口を下に向ける

狭い範囲に注いで、たっぷりと湿らせる。はす口を外して使うと、勢いが強すぎて土がえぐれてしまうので注意。

指を当てて調節する

わらや枯れ草がないときは、注ぎ口に指を添えて水流を調節する。

注ぎ口にわらや枯れ草を詰める

水を流したときに飛び出ない程度に、わらを詰め込む。わらのすき間から水が少しずつ流れ出る。

POINT 気温が低いときは昼過ぎに、高いときは朝夕に水やりする。高温期の日中に水やりすると、蒸れて病気にかかりやすくなる。

IDEA 24

作業に適した時間帯

見回りと収穫は朝方、夏は涼しいうちに

日々の見回りと収穫は、夏は朝6～7時くらいの涼しいうち、秋～冬は9～10時ごろがよいでしょう。できれば毎日、少なくとも2～3日おきには見回るよう心がけてください。枝先や葉の裏をよく見て、病虫害をチェックします（78～81ページ参照）。肥料や水分の過不足は、株の様子を観察すればわかります。果菜類の場合は、最上段の花から上に何枚の葉がついているか、葉の色や形の異常などが生育を診断するポイントです。

収穫はおおむね朝が適していますが、とくに果菜類は、日中の光合成によってつくられた養分が夜間に実に集まるので、朝はおいしい実がとれます。

朝のうちにかならず済ませてほしいのは、カボチャやスイカなどのウリ科の人工授粉です。花粉の受精能力は日の出から数時間がもっとも高く、しだいに低下していきます。

一方、夕方が適しているのは、トマトやキュウリの誘引です。朝は植物の体内に水分が多くて茎や葉が折れやすく、夕方になると水分が抜けて誘引しやすくなります。

それぞれの作業に適した時間帯はありますが、それに合わせて何度も通うことはありません。畑に行ったときに、できる作業をやれば十分です。

POINT　植物は夜間に生長するので、朝に畑を見回って生長ぐあいをチェックする。

省エネ

見回りながら下葉や枯れ葉を取り除く

光合成をしていない老化した葉や枯れた下葉は適宜切り取る。

肥料の過不足を確認

肥料の過不足は、茎葉の状態に現れる。トマトは、肥料が多すぎると茎が太くなり、穴があく。先端近くの葉がねじれるのも、肥料過多の症状の一つ。

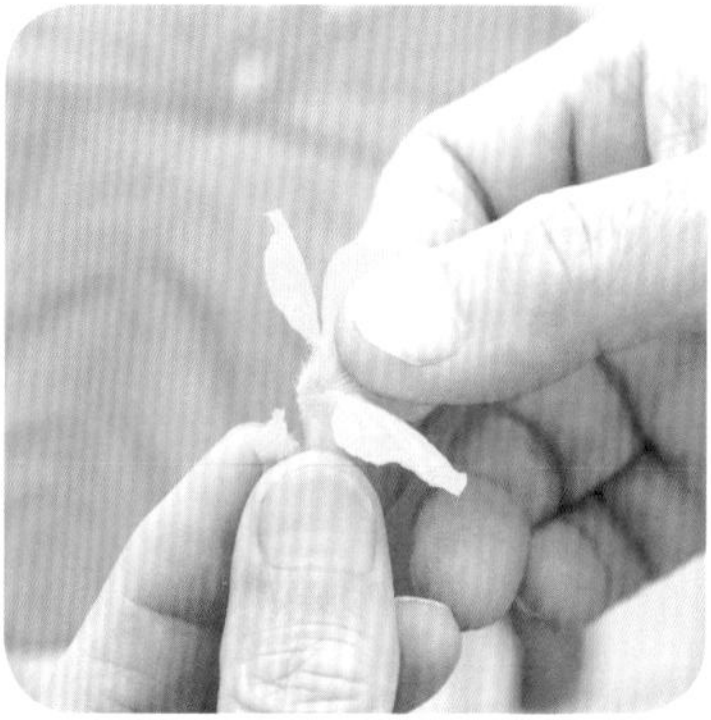

人工授粉

1 雄花を採取

雄花を摘み取って花びらを取り除き、雄しべを露出させる。

人工授粉

2 雌しべに花粉をつける

雌花の中心（雌しべ）に、雄しべを転がすようにしてつけ、花粉をまんべんなくつける。

POINT　キュウリの果実は生育スピードが速く、一日に3㎝も伸びる。開花から約1週間でとりごろになるので、花が咲き始めたら見回りを怠らずに。

IDEA 25

トンネルのつくり方

端にレンガや支柱をのせるだけでラクチン

防虫ネットやプラスチックフィルムでトンネルをつくるさいは、マルチやべたがけと同様、端に土をのせません。土で汚れると再利用しづらくなりますし、間引きや収穫などのたびに土をよけてトンネルを開閉し、土をかけ直すのは大変です。そこで、土をかけないでレンガや支柱で固定しています。

　トンネル用の支柱は、曲げ伸ばしができるグラスファイバー製のものが使いやすいでしょう。畝の両側に60㎝間隔で支柱をさしてアーチ形をつくり、幅と高さをそろえます。畝の両端に斜めに1本張り出すようにさすと、畝の端まで野菜を植えつけることができ、風にも強くなります。また、高さがそろうと寒冷紗などを張りやすくなります。

　支柱でつくった骨組みに防虫ネットをかぶせ、端に支柱や角材をのせて押さえます。余ったネットは支柱などに巻きつけてもよいでしょう。すでにマルチが張ってあるときは、マルチは畝の短辺を、トンネルは長辺を押さえるようにすると、すっきりまとまります。

　風で飛ぶのを防ぐためにトンネルの上から支柱をさすときは、押さえの支柱や角材の外側にさすとより安定します。風が強い場所では、畝をまたぐように麻ひもやマイカ線などを渡し、U字ピンで固定すると万全です。

POINT　トンネル支柱には、さし込む深さの目安として、両端から30㎝のところに印がついているものが多い。

省エネ

エコ

時短

1 端に張り出しをつくる

畝の両端は、垂直にさした支柱と、外側に斜めにさした支柱を組み合わせて張り出しをつくる。

2 防虫ネットをかける

骨組みの上に防虫ネットをかけて、たるみが出ないようにぴんと張る。

3 周囲に支柱やレンガをのせる

畝の長辺に支柱や角材を、短辺にはレンガなどをのせて押さえる。

4 麻ひもを張り渡す

トンネルの上に麻ひもをジグザグに渡して、U字ピンで固定する。

POINT
プラスチックフィルムのなかでは、「農PO」（農業用ポリオレフィン系フィルム）が入手しやすく、使いやすい。保温効果があり、破れや汚れに強いのが特長。

IDEA 26

支柱栽培は省力&省スペース

はじめのひと手間で、あとがラク

省エネ

時短

支柱を使うのはおもに果菜類で、生長すると倒れやすくなる野菜、自立できない野菜に使います。トマトは、生食用品種はほぼ支柱仕立て、生長点がなくなる芯止まり系の調理用品種は地ばい栽培にしています。キュウリは、春植え品種は支柱栽培用に改良されているものが多く、夏植え品種は地ばい栽培向きです。ナスやピーマンは、株が生長して実がなると重みで倒れやすくなるので、支柱で支えます。私は、ミニカボチャ、ミニスイカ、ゴーヤーなどのほか、根菜類のサツマイモも、支柱を立てて栽培しています。

支柱仕立てにすると、栽培面積が狭くてすむほか、日当たりと風通しがよくなります。また、花や実の場所がわかりやすいこと、茎葉やつるの見分けがつきやすく整枝作業がしやすいこと、つるを踏まずにすむこと、立ったまま人工授粉や収穫などの作業ができることなど、多くの利点があります。つるや茎を地面に伸ばし放題にする地ばい栽培に比べると、支柱を立てる手間はかかりますが、その後の管理は断然ラクです。

ウリ科やマメ科のつる性の野菜は、支柱と支柱の間に園芸用ネットを張ってつるを絡ませると、あとは自然にはい上がるので、ひもで誘引する手間がいりません。

POINT　つる性野菜で使う園芸用ネットは、ネットの格子が10～15㎝程度のものが使いやすい。

ナスの支柱仕立て

主枝や側枝を何本に仕立てるかで支柱の数が決まる。3本仕立ての場合は、3本の枝に沿って3本の支柱を立てて枝を誘引する。

キュウリの支柱・ネット仕立て

春植え品種は、支柱を立てて間に園芸用ネットを張り、つるを誘引する。はじめにネットに誘導してやれば、あとは自然につるが絡みつく。

サツマイモの支柱仕立て

本来は地ばいで広い面積を必要とするサツマイモも、支柱を立ててつるを上に誘引。省スペースになり、収量も変わらない。

カボチャのアーチ支柱仕立て

カボチャやゴーヤーは、つるがよく伸びて大きくなる。成形済みのアーチ形の支柱を立ててつるをはわせると、株全体に日が当たるほか、果実が土で汚れる心配がない。

POINT

使い終わった支柱は、土を落として水洗いし、雨の当たらないところに置く。支柱内部に入り込んだ水を流すため、立てて保管する。

IDEA 27

支柱の選び方と立て方

野菜の最大草丈＋30㎝が目安

支柱の長さや立て方は、栽培する野菜によって変わります。入手しやすいのは鉄にビニールコーティングを施したもので、耐久性があり、長さ、太さともにさまざまそろっています。野菜が最大に生長した草丈に、土にさし込む分を30㎝ほど加えた長さが適切です。草丈が高くなるトマト、キュウリは2.1～2.4ｍ、ナスやピーマンは1.8ｍくらいが適当ですが、扱いやすさを第一に選ぶのがよいでしょう。

　トマト、キュウリを4株以上栽培するときは、2列に植えて合掌式に支柱を立てるのがおすすめです。風に強く、安定感は抜群。斜めに筋交いを入れて補強します。株数が少ないときは直立式にします。やや風に弱いので、筋交いを忘れずに。

　支柱を立てるさいは、とがったほうを下に向けて、30㎝程度を土にさし込むのがコツ。土がかたい場合は、まわりをショベルで掘ってやわらかくしてからさします。

　植えつけ後の苗が活着するまでの短期間使うのが、仮支柱です。植えつけ直後の苗は弱々しく、風に振られると傷んだり、伸びが悪くなったりすることがあるので、長さ40～50㎝の細い支柱を株のわきに斜めにさして、麻ひもで誘引します（70ページ参照）。

POINT　鉄製支柱を覆うビニールコーティングは、経年劣化で傷んでくる。割れたりはがれたりしたところから水がしみこむと、さびの原因になる。

省エネ

1 合掌式の立て方 斜めに支柱をさす

畝の両側から中央に向かって斜めに支柱をさし、上部で交差させる。交差する高さをそろえるのがコツ。

2 合掌式の立て方 ひもで固定

交点をひもで縛って固定し、その上に支柱を横に渡してさらにがっちりと縛る。筋交いは畝の外から斜めに支柱をさすか、畝の内側にさしてもよい。

直立式の支柱

支柱を垂直に立て、上部で横に渡した支柱と交差させて麻ひもで縛る。

仮支柱を立てる

支柱を根鉢の外側に向けて斜めにさし、茎を誘引する。

POINT 仮支柱は、幼苗のときは茎が折れやすいナス、トマト、ピーマンなどで使う。

IDEA 28

誘引はしっかり留まる麻ひもで

切れ端が落ちても、拾わなくてOK

省エネ

エコ

誘引に使うのは麻ひもです。ポリエチレン製のひもは伸びたり緩んだりするうえ、腐らないので、使用後に拾い集めなければなりません。その点、天然素材の麻ひもは腐って土にかえるので、切れ端が落ちていても大丈夫です。

また、表面がざらざらとしているので縛ったときに滑りにくく、雨にぬれるとさらに締まるので、誘引には最適です。私は、イネを束ねるときに使う麻ひも（ジュート〈黄麻《こうま》〉製のひも）を愛用しています。使いやすくて価格も安く、耐久性は十分にあるので何回か使えます。

マルチやトンネルを押さえるのにも使っていて、1作程度なら間縄《けんなわ》にも使えます。

誘引は、先に茎に回しかけるのがポイント。40㎝くらいの長さの麻ひもを茎に回して2～3回ねじったのち、支柱にひと巻きして片蝶結びにします。このやり方ならひもが緩まず、支柱にもしっかり固定されるうえ、風で揺れるときはねじりがクッションとなって株をやさしく支えます。

誘引のコツは、やや上に引き上げぎみに縛ること。生長するにしたがって節間が伸びたり、茎が太くなったりするので、留めた位置が自然と上がってきます。

POINT 誘引の間隔は、トマト、ナス、ピーマンは３節おきが目安。間隔があくと、途中で茎が曲がったり垂れ下がったりするので注意。

1 ひもを茎に回し 2～3回ねじる

茎にひもをかけ、2～3回交差させてねじる。

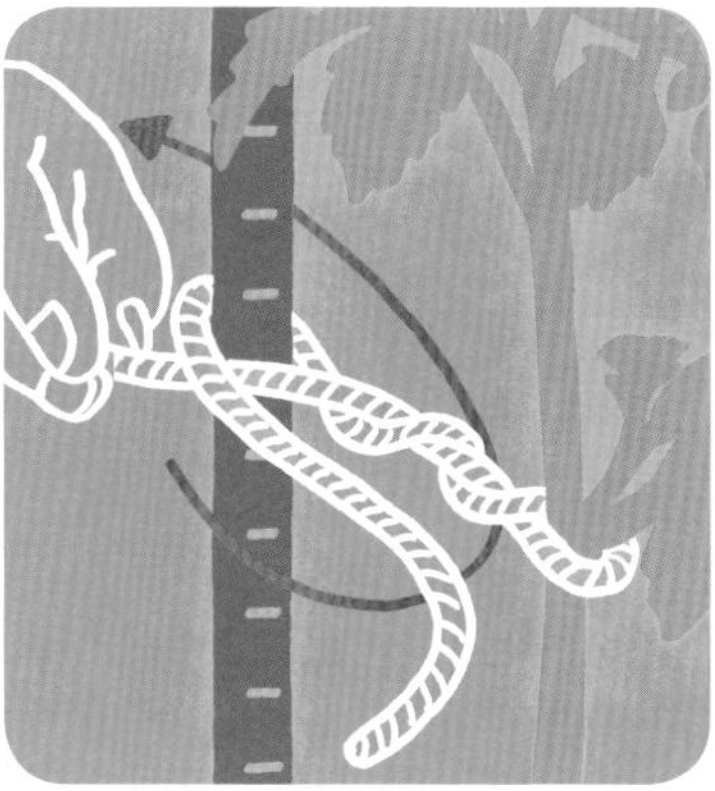

2 支柱にひと巻きする

ひもの両端を支柱に回しかけてひと巻きする。

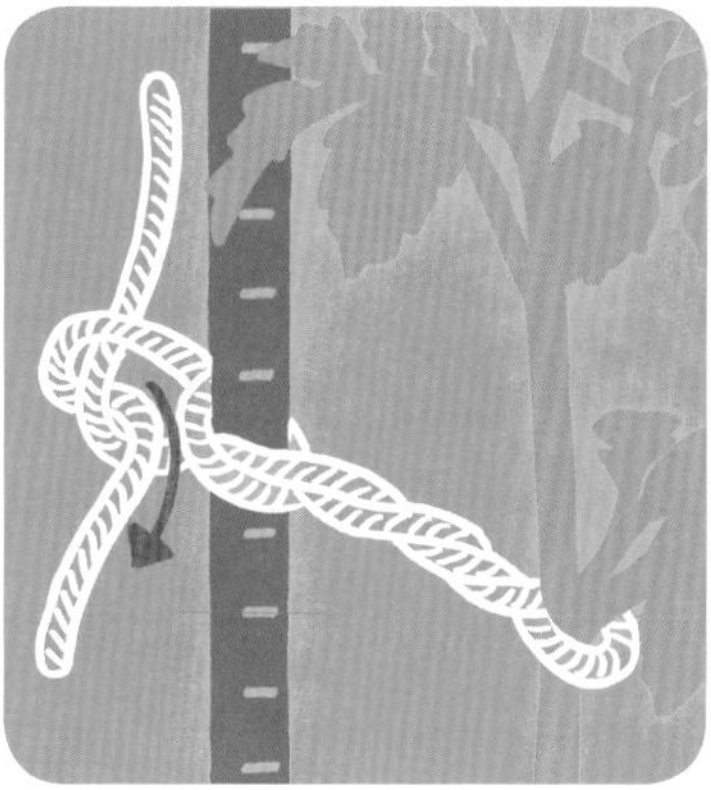

3 茎と反対側で結ぶ

茎と反対側で交差させ、上になったほうの端を下に通し、両端を引いて結ぶ。

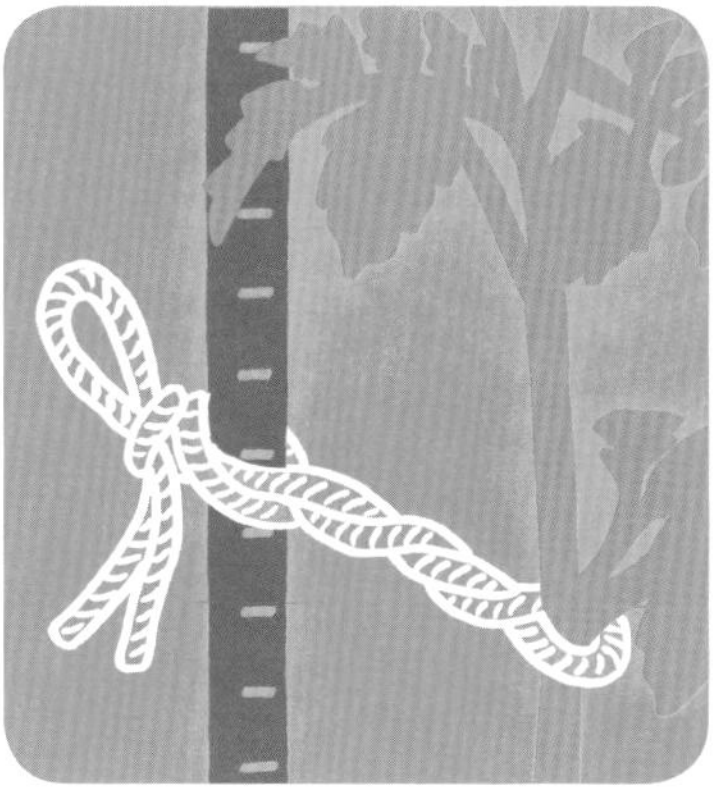

4 片蝶結びで留める

蝶結びの要領で輪を片側だけにする「片蝶結び」にすると、片手でほどきやすい。途中でひもをほどいて結び直すのも手軽にできる。

POINT　ひもは、花や花房の近くにかけると花に当たって傷むことがあるので避け、葉のつけ根のすぐ下にかけて縛る。

IDEA 29

防風ネットで風から野菜を守る

風に振り回されないことを第一に

野菜にとって、風に振り回されるのはかなり大きなストレスです。風が強く当たる場所では、畑の風上側に防風ネットを張るとよいでしょう。風の弱い場所でも、畑の南東側と北西側に張れば、台風と冬の北風の対策になります。防風ネットの効果がおよぶ範囲はネットの高さに比例し、風下側では高さの10倍、風上側では3倍ほどといわれているので、背丈ほどの高さに張ればかなりの範囲をカバーできます。

　大雨や台風襲来という予報が出たら、水たまりができやすい場所に排水溝をつくります。ピーマンやナスなどは防虫ネットや寒《かん》冷紗《れいしゃ》で株全体を覆い、上からひもで縛ります。トウモロコシは3株まとめて頭部をひもで縛っておけば、互いに支え合って風に強くなります。トマトやキュウリは、株のまわりに支柱を立ててネットで囲みます。草丈が低い野菜はトンネルか、べたがけにします。いずれも、風に振り回されないように強めに押さえることがポイントです。

　台風の通過後は、ぬかるんだ畑に踏み込むと土が固まるので、水が引いて土が乾いてから畑に入ります。たいがいの野菜は自力で立ち上がるので、無理に起こさなくて大丈夫です。

POINT　防風ネットの目合い（網目の大きさ）は４㎜程度のものが使いやすい。しっかりした木の杭を立ててネットを張る。

省エネ

ナスの暴風対策

株全体に防虫ネットをかけて、ネットを支柱の先に縛る。

防風ネット

畑の北と西にネットを張り、冬の寒風をやわらげる。ナイロン製のネットは耐久性があり、約10年はもつ。

排水溝をつくる

日ごろ、雨水がどこにたまるか、どこに流れていくかを観察しておく。大雨の前に、畑の外に誘導するように深めの溝をつくる。

トウモロコシの台風対策

トウモロコシは、3株まとめて上部を束ねると、三脚のように安定して風に強くなる。

POINT　草丈の低い野菜は、防虫ネットのトンネルがけや、不織布のべたがけで風対策を。

IDEA 30

鳥害防止にネットをかける

二連がけで広く、高く

鳥の被害には、いつも悩まされます。マメ類の種は、ほぼ間違いなく鳥に食べられてしまうので、種まき直後に防虫ネットか不織布で覆います。

地ばい栽培のスイカやカボチャは、果実があちこちに点在するので、ネットがかけにくいのが難点です。そこで考案したのが、トンネル支柱の「2連がけ」です。2本のトンネル用支柱を、アーチが少し重なるように連続させてさし、その上にネットをかけます。果実がネットに触れていると、外側からつつかれてしまうので、畝幅よりも広く覆います。ネットの下部にすき間ができてもよいので、ネットの端をU字ピンなどに結びつけ、はがれない程度に留めておけば十分です。

キャベツやブロッコリーは、ヒヨドリやムクドリに葉をつつかれることがありますが、株が大きく草丈が高いので、トンネルがけにひと工夫しました。2本の支柱をつなげて大きなアーチをつくり、防虫ネットで頂部を覆うだけで予防になります。

トウモロコシは、草丈より少し高いところに木綿の黒糸を何本か張ると、カラス対策になります。鳥は羽にひもが触れるのを嫌うので、遠くからも見える黒糸は効果大です。

POINT　夏作のトウモロコシ、ラッカセイ、スイカはカラス、冬作のブロッコリーはヒヨドリ、ムクドリの被害が多い。

省エネ

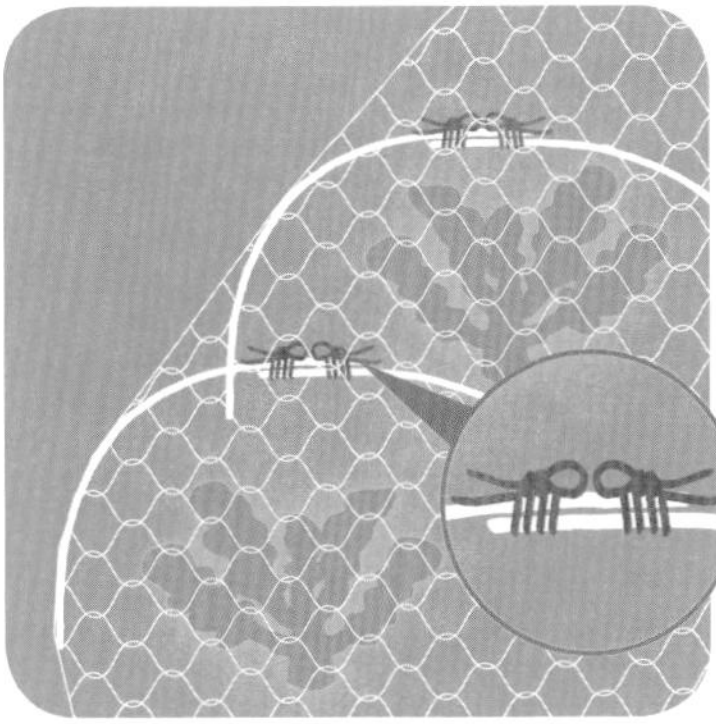

支柱を２本つなげて高さをつくる

２本の支柱をつなげてひもで縛り、大きなアーチをつくる。トンネル用支柱は跳ね返ると危ないので、ひもを２〜３か所にかけてがっちりと固定する。

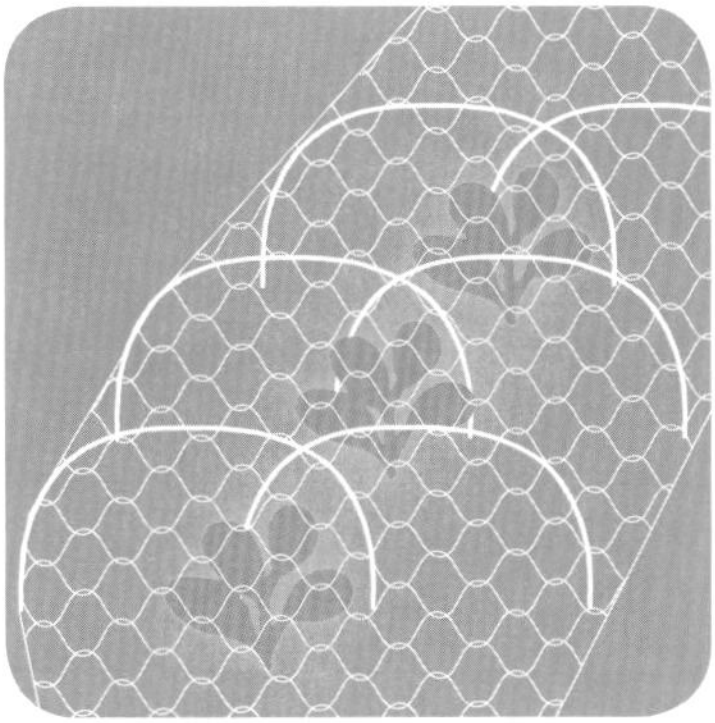

支柱の２連がけで広い面積を覆う

トンネル用支柱を２本並べてさし、広い面積を覆う。それより広い範囲を覆うなら、支柱を３連以上にしてネットも増やす。

トウモロコシに防鳥ネット

トウモロコシの雌穂（実）が肥大し始めたら、畝のまわりに支柱を立ててネットで囲う方法もある。

ネット袋で果実を守る

スイカやメロンを鳥から守るため、野菜出荷用のネット袋に入れる。ネットは外から果実が見えるので、生長ぐあいがわかりやすい。

POINT　イチゴは赤く熟してくるとねらわれやすいので、防虫ネットをトンネルがけして防ぐ。

COLUMN #2

気象に興味を持とう

　野菜づくりは天気に左右される部分が大きいので、つねに気象との関係には注意しています。私は、毎日の天気、最低気温・最高気温とそれを記録した時刻、風速、雨量などを、20年以上記録しています（42ページも参照）。気温データは畑からもっとも近いアメダスのものを記録しています。

　パソコンとスマートフォンを連動させて、栽培日誌も引き出せるようにしているので、同じ日の過去の天気や気温、やった作業などが簡単にわかります。気象関係のアプリやウェブサイトを利用し、1週間先の天気予報を眺めながら、やらなければならない作業の予定もつくっています。

　私がスマートフォンで利用している気象関係のアプリやウェブサイトは、左の6つです。おもに使っているのは、天気全般の情報が得られるweathernewsとtenki.jpです。台風のときなどは、進路や風雨の見通しを知るためにWindyを活用しています。多くが無料アプリで、情報量はこれで十分です。「天気とともに」という姿勢をもって、つねに天気予報をチェックしてほしいものです。

weathernews（ウェザーニュース）
ウェザーニューズ社の天気予報アプリ。有料会員になれば、より多くの機能が追加される。付属機器を使うと、現在地の温度、湿度、気圧、紫外線量なども測定できる。

tenki.jp（天気・ジェイ・ピー）
日本気象協会の天気予報専門アプリ。

Windy（ウィンディ）
天気だけでなく、風や波、気圧などの情報も得られる。

天気
アップル社の天気アプリ。

気象庁ホームページ
気象庁のサイト内では、天気図や気象警報、注意報などの情報が見られる。

気圧日記（有料）
アプリを起動すると、自動的に気圧を測定する。天気の変化などがわかるので、まめに利用している。

CHAPTER 3

虫・草とのつきあい方

IDEA 31

害虫を見つける見回りのコツ1

発生のサインを見逃さない

私の菜園では、ほとんど殺虫剤を使いません。害虫は発生しますが、毎日の見回り、資材や栽培の工夫、益虫が活動する環境をつくる、などの手立てで無理なく乗りきっています。

なかでも、だれにでも取り組めて確実に害虫の発生を抑える効果があるのは、畑の見回りです。畑に行くのは、虫の動きが鈍い朝方がおすすめ。野菜の様子を観察し、害虫発生のサインをキャッチしましょう。

害虫は、新芽や生長点などのやわらかい部分、日陰になっている葉の裏などに隠れていることが多いので、葉をめくるなどして探します。草丈が高い果菜類などの野菜は、しゃがんで下から見上げると見つけやすいでしょう。また、葉に虫食いの穴がある、葉が不自然に縮れたり巻いたりしている、黒い糞《ふん》があるなどの状態も、害虫がいるサインです。

葉を食べるイモムシタイプの害虫は大きく移動することはないので、周辺の葉をかき分けて探し、見つけしだい捕殺します（ペットボトル捕獲器のつくり方は86ページ参照）。

栽培する株数が少ない家庭菜園は、1株ずつていねいな観察が可能です。毎朝の日課として、時間をかけて野菜と向き合ってみてください。

POINT　畑に行くときは、虫や紫外線を避けるために、長袖で、長ズボンが必須。滑り止めのついた軍手と、つばの広い帽子も忘れずに。

省エネ

エコ

キュウリの葉につく ウリハムシ

体長７㎜ほどの甲虫で、成虫は葉や花、果実を食害し、円を描くように傷をつける。幼虫は根や地際の茎などに被害を与える。動きが鈍い朝方に見つけて捕殺する。

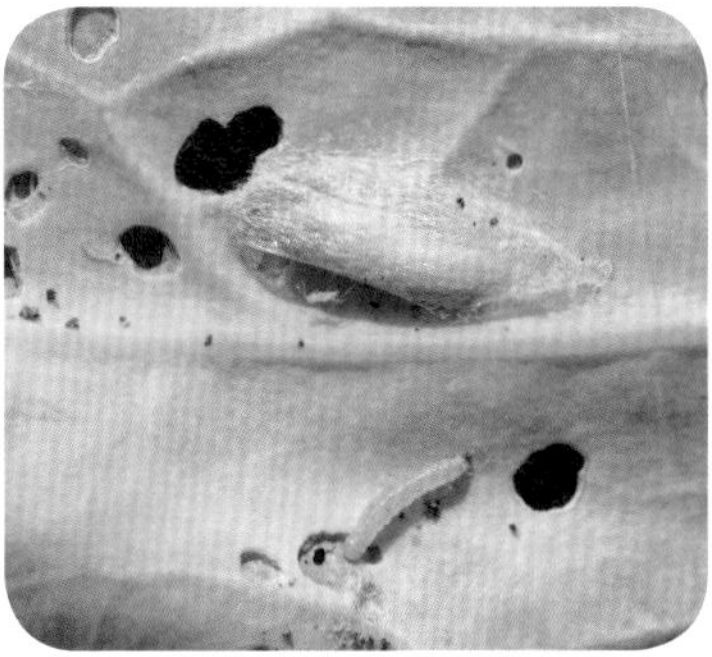

コナガの被害

アブラナ科野菜の葉に、直径２～３㎜の丸い穴がぽつぽつとあくのが症状。葉をめくると、体長10㎜ほどの小さなイモムシ（幼虫）が潜んでいる。被害の痕を見つけたら探して捕殺する。

つづり合わせた葉を広げると 見つかるイモキバガ

サツマイモの葉の一部を二つ折りにして、内部を食害する。葉を広げるとイモムシが見つかるので、葉ごと折り取って捕殺する。

土を浅く掘ると出てくる ネキリムシ（カブラヤガの幼虫）

若い株が根元から切り倒されているのが典型的な症状。夜行性なので昼間は姿が見えないが、早朝に倒れたばかりの株の近くを浅くほじくると、見つかることがある。

POINT
夏場の衣類は、UVカット効果や防虫効果のあるものがおすすめ。防虫スプレーは、UVクリームの上に塗り重ねる。順序が逆だと防虫効果が薄れる。

IDEA 32

害虫を見つける見回りのコツ2

単独犯行か集団襲撃か

省エネ

エコ

見逃すと被害が大きくなる害虫に、アオムシ（モンシロチョウの幼虫）とヨトウムシ（ヨトウガの幼虫）がいます。どちらもアブラナ科野菜が大好物です。葉脈を残してレース状に食べ尽くされたキャベツの葉を見たことがあるかもしれません。虫食いの穴が小さいうちに、探して捕殺するのが大原則です。

両者の行動パターンは、大きく違います。アオムシの卵は葉の裏に1粒ずつ産みつけられ、ふ化した幼虫は単独で行動します。新しい食害痕の近くにいるので、よく探せば絶対に見つかります。

一方、ヨトウムシの卵は「卵《らん》塊《かい》」と呼ばれ、数十個がひと塊になったものです。いっせいにふ化した幼虫は、はじめは集団で、成長とともに分散して食害を続けるので、被害は拡大する一方で、駆除しきれなくなります。さらに老齢幼虫になると、昼間は土の中に潜んで夜に活動するので、早朝や日没後に懐中電灯を手に探すしかありません。

大発生を防ぐには、卵塊のうちに見つけるのがいちばん。それを見逃したときは、小さな穴がぽつぽつとあいた時点で葉の裏をめくって探し、若齢幼虫のうちに葉ごと切り取って処分します。また、産卵する場所を与えないように、周辺の除草に努めます。

POINT　ヨトウムシは漢字で「夜盗虫」。老齢幼虫は夜行性のため、被害がめだつ割には姿が見えないことからこの名がついたという。

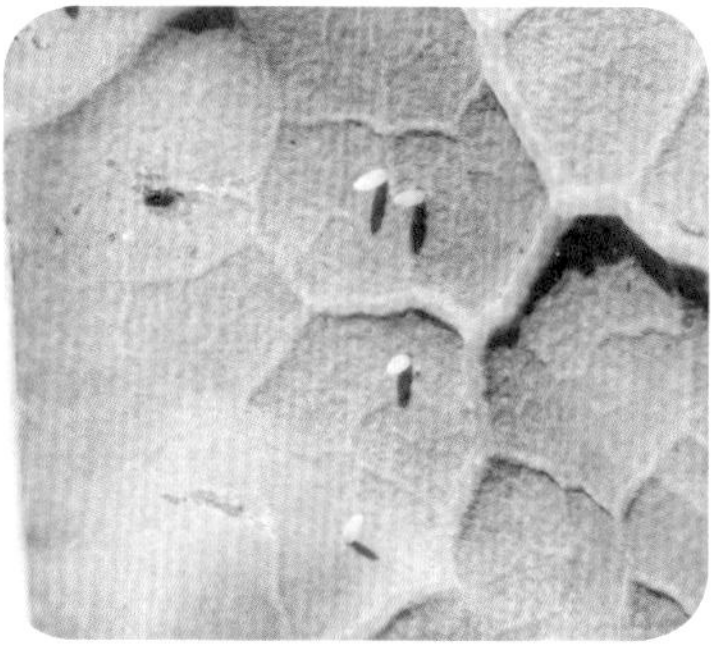

モンシロチョウの卵

成虫（モンシロチョウ）が畑の上を飛んでいたら、産卵→ふ化→食害と予想できる。キャベツなどの葉の裏に、小さな卵を点々と産みつける。

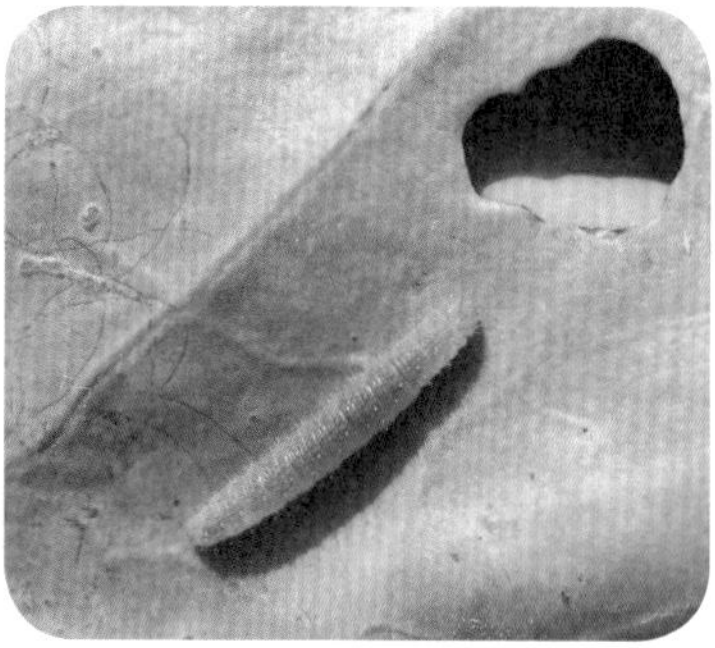

アオムシ（モンシロチョウの幼虫）

成長すると体長3㎝ほどになり、食べる量も多くなる。虫食いの穴のほか、黒緑色の大きな糞が散らばっているのも発生の目安になる。

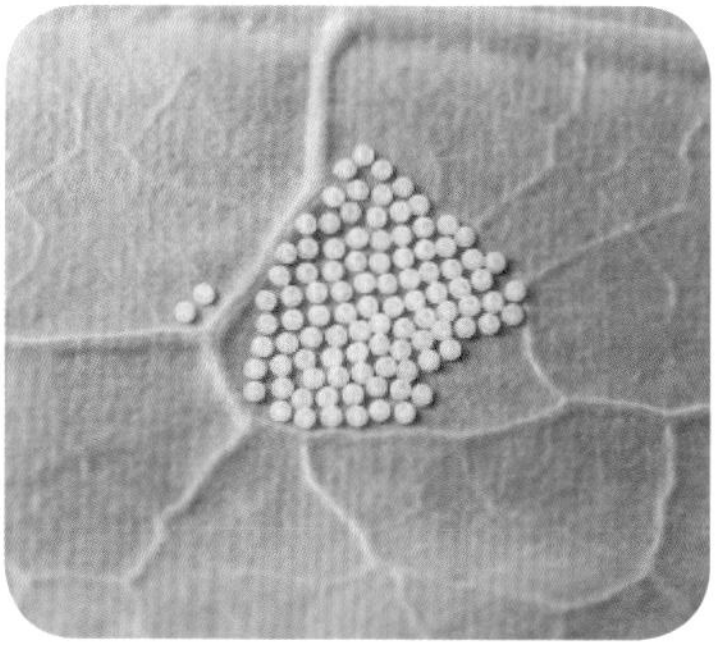

ヨトウガの卵塊

成虫は、葉の裏に数十〜数百個の卵を産みつけるので、卵塊のうちに葉ごと切り取って処分する。

ヨトウムシ

ヨトウムシは仲間が多い。頭の後ろに一対の黒い斑点があるのがハスモン（斜紋）ヨトウ、体の側面に白い線があるのがシロイチモジ（白一文字）ヨトウ。ただし、老齢幼虫になるとみな同じような褐色に変わる。

POINT　アオムシは飛来するモンシロチョウの有無で発生を予知できるが、ヨトウムシは夜行性のヨトウガの幼虫なので産卵を予知することが難しい。

IDEA 33

アブラムシ捕獲シート

キラキラを嫌い、黄色を好む

省エネ

エコ

野菜づくりをしている人にとって、アブラムシは厄介な存在です。あらゆる野菜の新芽や、葉の裏に群生して葉の汁を吸います。被害を受けた野菜は草勢が弱るだけでなく、ウイルス病になったり、排せつ物がすす病の原因になったりするので、アブラムシの生態を理解したうえで、寄せつけない工夫をしたいものです。アブラムシには翅《はね》のある有翅《ゆうし》型と翅のない無翅型があり、有翅型が風に乗って野菜に飛来して繁殖するので、有翅型を阻止するのが有効な対策です。

　アブラムシは光るものを嫌うといわれ、シルバーや銀線入りのポリマルチ、銀線入りの防虫ネットなどが防除に効果的です。

　一方、黄色いものに集まる習性を利用したのが黄色の粘着シートです。そのままつり下げると風で揺すられて葉に付着するので、ペットボトルに巻きつけて支柱にさすと安定します。生長点の近くに立てた支柱の先にペットボトルをさし込むのが基本の使い方です。シートの上に防虫ネットを貼ると、ほかの虫がつかまるのを防ぎ、小さなアブラムシだけを捕獲できます。とくに夏の果菜類に効果があり、３株に１個程度の割合で設置します。雨ざらしでも粘着力は落ちず、１作は十分にもちます。

POINT　銀色のリボン状の反射テープを、生長点近くに貼ってもよい。

支柱の先端にさして設置

アブラムシは生長点の近くにいることが多いので、草丈の伸びに合わせて支柱の高さ、長さを変え、ペットボトルの位置を移動させる。

粘着シートをペットボトルに貼る

雨にぬれるとはがれやすくなるので、麻ひもを巻きつけて留める。

シートの上に防虫ネットを貼る

シートの上に防虫ネットを貼ると、テントウムシやクモなどの比較的大きな益虫がつかまってしまうのを防げる。手につかないので、扱いやすいのも利点。

黄色の粘着シートに捕らえられたアブラムシ

ナモグリバエ、オンシツコナジラミ、コナガなどもあわせて捕獲できる。

POINT 春先のソラマメにはアブラムシがつきやすいので、群生した枝の先端を切り取って駆除する。さやができるのは下のほうなので、枝先を切っても問題ない。

IDEA 34

防虫ネットで囲んで

有翅型をシャットアウト

有翅《ゆうし》型のアブラムシは、地表から３ｍくらいまでの高さを風に乗って移動するといわれています。そこで、畝のまわりに支柱を立てて銀線入りの防虫ネットで囲えば、有翅型アブラムシが入り込めなくなります。ただし、高さ３ｍもの囲いは風に弱く倒れやすいので、1.5～2ｍ程度の高さに抑えます。この高さでも、飛来数をかなり減らすことができます。風上側に草丈が高くなるソルゴーを栽培することでも同様の効果があります。

囲いが有効なのは、受粉のために花粉を運ぶ昆虫を必要としないナスやトマト、キュウリ、トウモロコシなどです。昆虫が受粉を手助けするオクラや、キュウリ以外のウリ科野菜などには向きません。アブラムシだけでなく、訪花昆虫も出入りが少なくなってしまうからです。

葉の裏に潜んでいるアブラムシを見つける手がかりの一つが、アリです。アリはアブラムシが出す排せつ物を餌にしているので、茎をはい上り、葉の上を歩き回るアリを見つけたら、近くにアブラムシがいるはずです。アリは害虫でもあり益虫でもあります。むしろ、動きの鈍いイモムシを襲ったり、地面に落ちた虫を餌にしたりするなど、害虫を退治する一面も持っています。

省エネ

エコ

POINT　キュウリは、受粉しなくても実ができる単為結果性という性質を持っているので、訪花昆虫は不要。

1 支柱を立てて ネットで囲う

畝のまわりに、直径16mm以上の太い支柱をさし、防虫ネットで囲む。

2 四方を囲って端を留める

支柱とネットを洗濯ばさみで留めるか、ひもで縛る。アブラムシのほか、ハモグリバエ類にも効果がある。

ポリ袋で手づくりした あんどん

肥料袋などの厚手のポリ袋の底を切って筒形にし、四隅に支柱を立てて、苗にかぶせる。あんどんには、害虫防除と初期の保温効果がある。株が生長したら外す。

アリはアブラムシの目印

アブラムシの排せつ物を目当てにアリもやってくる。アブラムシを見つける目印になる。

POINT アブラムシの別名はアリマキ（蟻牧）。アリと共生関係にあり、「アリの牧場」ということから名づけられたといわれる。

IDEA 35

ペットボトル捕獲器

一家に1台、簡単につくれる

カメムシ類は、マメ科野菜の大敵。若いさやにとがった口をさし込んで、マメの汁を吸い取ってしまいます。捕まえようとするとポトリと地面に落ちて、行方をくらますのに業を煮やし、手づくりしたのがペットボトルを利用した捕獲器です。つくり方はとても簡単。500㎖のペットボトルを半分に切ってロート状に組み合わせるだけです。

この捕獲器は、危険を察知すると地面に落ちて逃走するウリハムシやニジュウヤホシテントウ、コガネムシ、カミキリムシなどの甲虫類、カブラハバチの幼虫（ナノクロムシ）の捕獲にも使えるので、一家に1台用意しておくと重宝します。口径に入る虫なら何でもいいので、益虫のナナホシテントウを集めるときにも使っています。捕獲するときは、開口部をターゲットの虫にあてがうように軽く触れるだけ。ポトリと捕獲器の中に落ちます。ロート状の部分が返しの役目をするので、落ちた虫たちは逃げられません。

もう一つ、効果を実感したのが、充電式のハンディークリーナーです。充電が長もちするようになり、吸引パワーもあるので、害虫や益虫の捕獲に役立っています。ねらい目は、比較的動きが鈍い朝方です。茎葉が傷むので、アブラムシには向きません。

POINT　ペットボトル捕獲器は、危険を察知すると、地面に落ちて死んだふりをする虫に効果絶大。

省エネ

エコ

時短

1 ペットボトルを切り離す

500mℓのペットボトルの上部を切り離す。はじめにカッターで切り込みを入れ、そこからハサミを使って切るとよい。

2 ロート部分を逆さにしてはめ込む

切り離した上部のロート状の部分を逆さにして下部にはめ込む。

3 縁をテープで留める

ビニールテープで留めることで、はめ込んだ部分が外れてしまうのを防げる。また、切り口でのけがの予防にもなる。

4 開口部をターゲットに近づける

捕獲したい虫に捕獲器を近づけ、軽く虫に触れるようにして捕獲器の中に入れる。

\ 捕獲 /

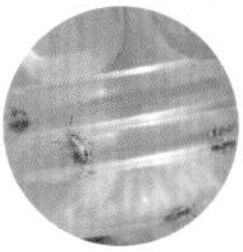

POINT ハンディークリーナーで益虫を捕まえるときは、吸引ノズルのつけ根に防虫ネットを挟んでおくと、取り出しやすい。

IDEA 36

ナメクジキャッチャー

10分で完成。効果はてきめん

じめじめとした環境を好むナメクジは、新芽や若い葉、花や果実などを食害します。とくに収穫間近の赤く色づいたイチゴにえぐれた食害痕が見つかると、がっかりします。夜行性で、日中は石や植木鉢、落ち葉の下などの湿ったところに潜んでいるので、なかなか見つけられません。殺虫剤を畑のまわりにまいてもよいのですが、雨でぬれるのを防ぐため、捕獲器を手づくりしました。

ナメクジは匂いにひかれて集まってくる習性があります。行動範囲は3mくらいといわれているので、殺虫剤を入れたペットボトルを畝のまわりに2m間隔で並べます。捕獲したナメクジは、時間がたつと小さく縮んでしまうので、成果を確認するには翌日の早朝がおすすめです。ただし、ナメクジの生息数は不明なので、数日連続でペットボトルを仕掛けてみて、新しい捕獲数が極端に減ってきたら、効果が上がっているとみるのが妥当でしょう。

実際にナメクジを見つけた場合は、箸などでつまみ取るか、濃いコーヒーを直接噴霧すると効果てきめんです。カフェインに弱いので、私は冷めたコーヒーをキャベツにたっぷりと吹きかけて、葉の間に隠れているナメクジを退治しています。

POINT　ナメクジはホップの匂いが好きで、飲み残しのビールを皿に入れて置いておくと集まってくる。ただし、ビールに殺虫効果はないので、飲み逃げされないように深めの容器を使用する。

省エネ

1 ナメクジの侵入口をつくる

500mℓのペットボトルの側面にカッターで切り込みを入れ、外側に折り曲げる。ナメクジは下からはい上がるので、底の近くに穴をあけるとよい。3cmほどの隙間があれば十分。

キャベツの葉にいるナメクジ

キャベツ、ハクサイ、レタスなどの結球野菜の内部に入り込むと、見た目では被害がわからない。葉をはがすと見つかるので、不快感は倍増。

2 殺虫剤を入れる

ナメクジ用の殺虫剤を約3g入れる。天然由来成分のリン酸第二鉄を使った薬剤は、有機農業にも使えて安全性が高く、ペットが近づいても安心。

3 U字ピンで固定する

葉が触れるくらい株元に近づけ、風で飛ばないように口元をU字ピンをさして固定する。

POINT　ポリポットに殺虫剤を入れ、開口部をホチキスで留めたものを、野菜の近くに寝かせておいてもよい。ナメクジは開口部のすき間や鉢穴から入り込む。

IDEA 37

紫外線カットフィルムに注目

害虫の忌避効果は実証済み

エコ

　現在、紫外線を遮るフィルムを効果的に使う方法を考案中です。農業用ハウスなどで使うことが多い資材ですが、それを小規模な家庭菜園で応用してみようと考えているのです。昆虫は紫外線で物を認識しているので、このフィルムで覆うと害虫予防になるはずです。さらに、灰色かび病、菌核病などの菌糸の成育を抑える効果があり、野菜の生育が促進されるという注目の資材です。ややや値は張りますが、ネット通販などで比較的手軽に手に入ります。

　トマトを育てている1坪程度のパイプハウスに張ったところ、アブラムシ、タバコガなどが減りました。春植えのキャベツ栽培で使ってみた実験では、モンシロチョウ（成虫）の飛来が少なくなったため、アオムシ（幼虫）の被害が減りました。光合成にはなんら問題がないので、葉物のトンネル栽培などに向くのではないかと考えています。ただし、フィルムをすっぽりかぶせると内部の温度が高くなりすぎるので、換気の時期、穴の位置や大きさなどを実験中です。

　便利なフィルムですが、ナスには使えません。ナスの紫色は紫外線によって発色するので、このフィルムで覆うと着色しなくなるからです。

POINT　紫外線カットフィルムは、モンシロチョウやアゲハチョウなどの昼行性の害虫に効果があるが、夜行性のヤガには効果がないので注意。

1 紫外線カットフィルムをトンネルがけ

キャベツの苗を植えつけ、フィルムをトンネルがけする。

モンシロチョウの視界

特殊なフィルターをつけて撮影した花の中心部は、紫外線を吸収して黒く見え、蜜のありかを示している。チョウは、ここをめがけて飛来する。

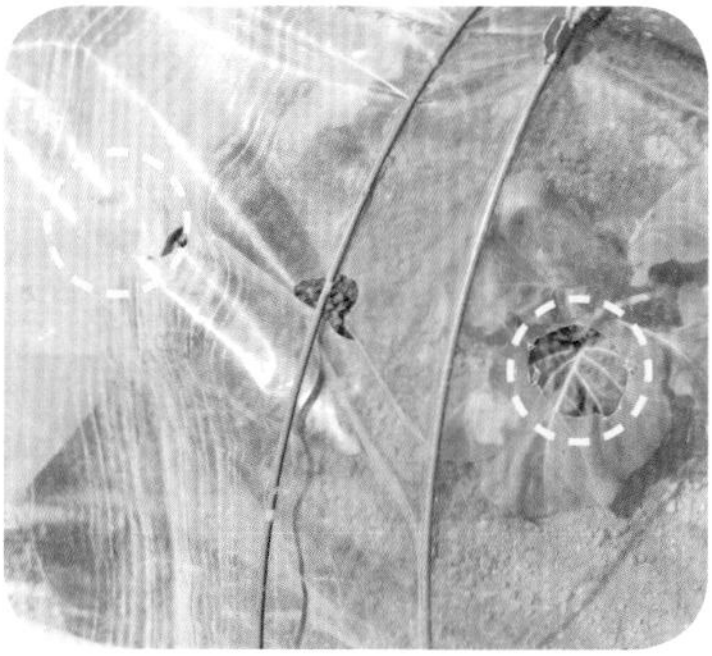

3 換気用の穴をあける

上部に直径２㎝ほどの換気用の穴をあける。それより大きいと、チョウが入り込むことがある。

2 すそを開けておく

厳寒期の栽培でなければ、フィルムのすそを開けて温度調節をはかる。チョウは上から飛来するので、下から入り込む心配はない。むしろクモなどの益虫が入ってくる。

POINT　トンネル被覆は、おもに保温、害虫・害鳥対策、風よけ対策のために用いられる。

IDEA 38

狩りバチは優秀なハンター

お手製トラップネストで呼び寄せる

　狩りバチとは、虫を捕獲して幼虫の餌にする習性を持つハチの総称です。成虫は獲物を巣に運び、その近くに卵を産みます。獲物となった虫は特殊な毒を注入され、生きているけれど身動きができない状態となり、やがてふ化した幼虫の餌になります。狩りバチの種類は多く、畑ではおもにアオムシ、キアゲハの幼虫などのイモムシ類やバッタ類を捕獲してくれる益虫です。畑に狩りバチを呼び寄せる工夫を紹介します。

　4月ごろ、狩りバチが活動し始める前に、1節分の竹筒を何本かまとめて畑の一角に設置し、狩りバチの飛来を待ちます。水がたまらないようにポリ袋などに入れたうえ、板切れで屋根をつけます。待つこと1週間、コクロアナバチが獲物を筒に詰め込んでいるところを目撃しました。成虫は、竹筒を3部屋ほどに仕切り、1部屋ごとに獲物を入れて卵を1個ずつ産みつけ、入り口をわらなどでふさぎました。餌になる虫がいれば、狩りバチはどこからか飛んでくるのです。

　ハチは怖いと思われるでしょうが、巣を攻撃したり、捕まえたりしなければ害はありません。畑の隅や資材置き場の裏などの出入りの少ない場所に設置し、遠くから優しい気持ちで見守ってください。

省エネ

エコ

POINT　トラップネストとは、「トラップ＝わな」、「ネスト＝巣」を組み合わせた造語で、ハチをおびき寄せて巣をつくらせるための仕掛け。

支柱に固定して設置

設置して数日後、穴の入り口は枯れ草でふさがれる。これは、雨や外敵から卵や幼虫を守るため。

肥料袋に竹筒を詰めたトラップネスト

内径1cmくらいの竹製の支柱を1節分切って底のある筒をつくり、数本まとめてひもで縛る。肥料袋などでまとめると崩れにくい。

獲物を捕獲し、筒に詰めようとしているハチ

コクロアナバチがツユムシを捕獲。筒に入れやすくするためか、ツユムシのひげは元から切り取られている。

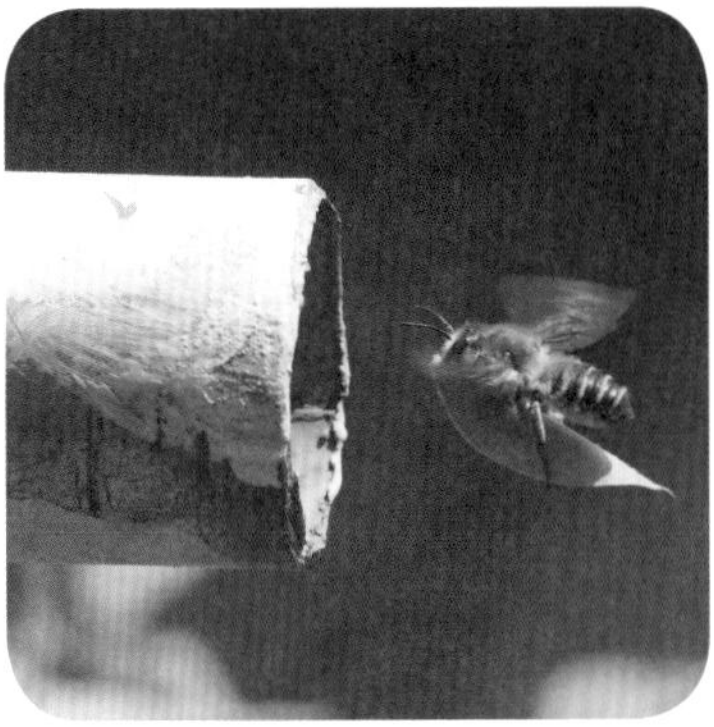

葉を運ぶハキリバチの仲間

ちぎった葉は、竹筒に詰めて間仕切りにする。竹筒の中は葉で小さく区切られ、卵はワンルームに1個ずつ産みつける。

POINT　竹筒にはやってこないが、狩りバチの仲間のアシナガバチ類はアオムシなどを捕獲し、団子にして幼虫の餌にする。

IDEA 39

畑の益虫、寄生バチ

獲物に寄生して退治

寄生バチは、一生のある時期、動植物に寄生する時期を持つハチのことです。私の畑には、動物（害虫）に寄生して退治してくれる益虫がたくさんいます。

見つけたときにギョッとするのは、コマユバチの幼虫に寄生されたアオムシです。コマユバチの成虫はアオムシに卵を産みつけ、ふ化した幼虫はアオムシを餌に成長します。やがてアオムシの体を食い破って外に出て、クリーム色の繭《まゆ》をつくります。

アブラナ科の野菜は、食べられた傷口からコマユバチを呼び寄せる揮発性の物質を出していて、成虫はこの匂いに誘導されてアオムシを発見するといわれています。アオムシより小さい、体長3㎜ほどのハチですが、とんだ大仕事をしてくれるものです。

アブラバチは、アブラムシの天敵です。寄生されたアブラムシは「マミー」と呼ばれ、丸くふくらんで褐色に変わり、ほかとは違う見た目になります。マミーが多いところは健全な生態系が整っている証しなので、マミーを見つけたら大切にしてください。

ほかにも、ハモグリバエ類に寄生するヒメコバチ、カメムシの卵に寄生するトビコバチなどの寄生バチが、畑のまわりで活躍しています。

POINT 殺虫剤を使用すると寄生バチ類も死んでしまう。やむをえず使用するときはピンポイントで用いるようにするとよい。

エコ

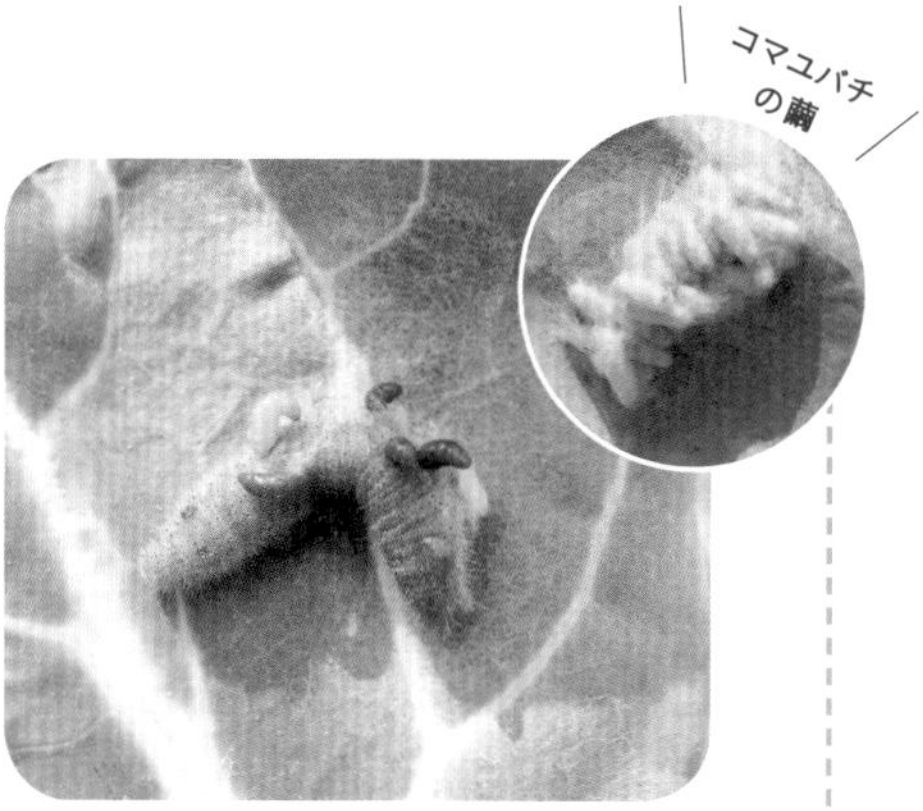

コマユバチに寄生されたアオムシ

アオムシの体内でふ化して出てきたコマユバチの幼虫。このあと、繭をつくりさなぎになる。

コマユバチの成虫

成虫の体長は3mmほど。アオムシに食べられたキャベツのSOSに応えて飛来し、アオムシを見つけるという。

アブラムシとマミー

葉の裏に、生きたアブラムシと淡褐色のマミー（写真中央）が混在している。

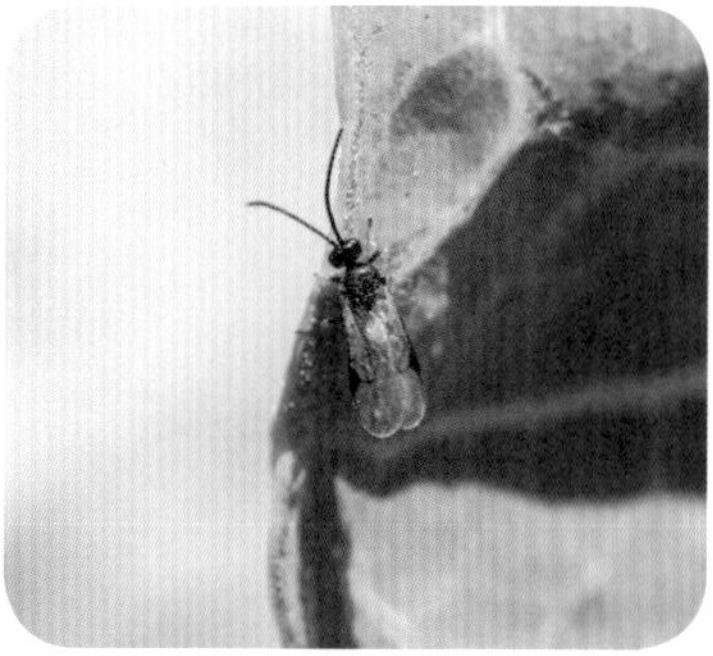

アブラバチの成虫

アブラムシに卵を産みつけ、ふ化した幼虫はアブラムシを食べて成長する。小さくて動きが早いのでなかなか目にすることはないが、マミーがいれば成虫が活躍している印。

POINT　害虫が多少いても、益虫とのバランスがとれていれば被害が少なくてすむ。

IDEA 40

頼りになるテントウムシ

成虫と幼虫の姿を覚えよう

「これは、害虫？ 益虫？」と判断に迷うのが、テントウムシの仲間です。赤地に7つの黒い斑点がついたナナホシテントウと、赤一色や黒地にさまざまなパターンの赤い斑点がついたナミテントウはどちらも肉食性で、おもにアブラムシを捕食します。黄色一色のキイロテントウは、うどんこ病菌を食べる益虫です。

一方、黄色地に28個の黒い斑点がついたニジュウヤホシテントウは、ナス科野菜の葉や果実を食べる害虫です。つやつやとした益虫と違って、体に細かい毛が生えていてつやがありません。まずは成虫の姿を覚えて、見分けられるようになりましょう。

次に覚えてほしいのが、それぞれの幼虫の姿です。益虫といえども、幼虫時代は意外とグロテスク。間違って退治しないように気をつけてください。

私の畑では、近所の草むらから益虫のテントウムシを集めて、畑に放すこともしています。テントウムシの幼虫1匹は一日に20匹、成虫は一日に100匹のアブラムシを食べるといわれ、その威力を信頼しているからです。翅《はね》のある成虫に比べると、その場にとどまる幼虫のほうがおすすめ。益虫も害虫も、ペットボトル捕獲器で集めます（作り方は86ページ参照）。

POINT　テントウムシにはアブラムシを食べる益虫の肉食系と、植物の葉などを食べる草食系、うどんこ病菌を食べる菌食系がいる。

エコ

ナミテントウ

どこにでも「並みに」いるからこの名がついたといわれる。いろいろな斑点のパターンがあることで知られる。

幼虫

ナナホシテントウ

成虫は、体長5～10㎜、背中はつやのある赤色で黒い斑点が7つついている。幼虫は細長く、黒地に赤い斑点がある。

幼虫

ニジュウヤホシテントウ

体長5～6㎜で、背中に細かい毛が生えている。ナスの葉や実に、ギザギザした食害痕を残す。幼虫も細かい毛が生えている。

キイロテントウ

体長5㎜ほどと小さいが、背中は黄色一色なのでよくめだつ。幼虫は黄色地に黒い斑点のタイガー模様。

POINT 肉食系のテントウムシとアリは、敵対関係にある。アリは、アブラムシから分泌物をもらう代わりに、テントウムシの幼虫などからアブラムシを守っている。

IDEA 41

除草は春先がおすすめ

タイプ別の除草法で、種がつく前に取る

雑草とは、栽培を目的とする植物以外の植物のこと。とくに農業の分野では、畑やその周辺に生える草を指します。雑草が嫌われるのは、野菜に与えた養分や水分を横取りすることが大きな理由です。雑草は生長が早く、日陰になったり、野菜に覆いかぶさったりして生育を妨げます。また、草が繁茂する場所は病気や害虫のすみかになりやすく、野菜に悪影響を及ぼすことがあります。

土の中には多くの雑草の種が眠っていて、耕すことによって種が浅いところに移動して光が当たると、発芽しやすくなります。芽吹いたばかりの雑草は抜きやすいので、除草は春先に行うのが最適です。開花してしまったものは、種をつける前に取ります。

その一方で、雑草にもメリットがあります。根を広く伸ばすことで土をやわらかくする効果があるほか、野菜とは違う微生物が根のまわりに集まるので土が豊かになります。一方的に悪者扱いせず、種類によっては生やしておいてよいものがあることも知っておいてください。

雑草の生え方やふえ方には特徴があり、それに合わせた除草法があります。そこで、雑草を4つのタイプに分けて、その除草法について次のページから紹介します。

省エネ

時短

POINT　草取りは土が乾いているときに。土が湿っていると、根についた土が落としにくい。

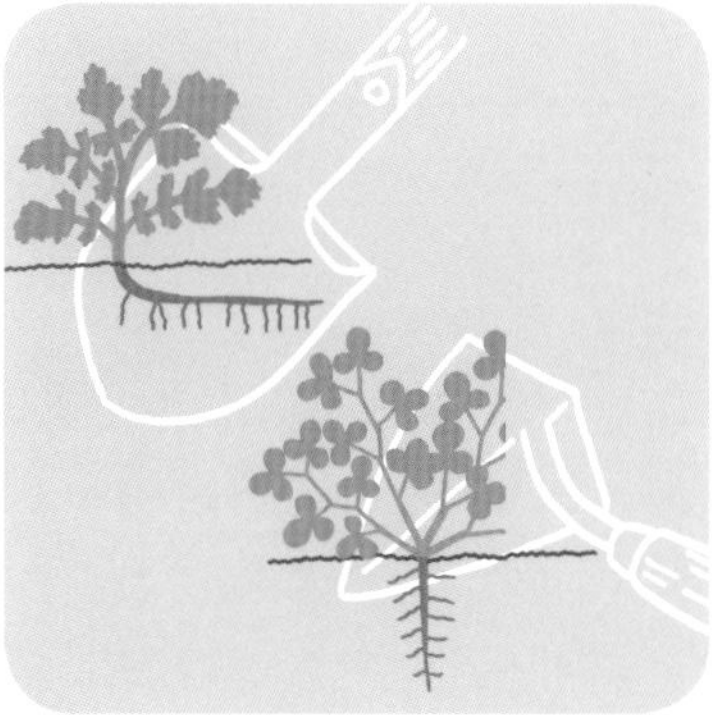

タイプ1 根こそぎ掘り上げる

根や根茎をできるだけ残さないように掘り上げる。セイヨウタンポポ、ハルジオン、スギナなど。

タイプ2 抜き取る

茎を持って引き抜き、軽く振って土を落とす。ホトケノザ、イヌタデ、ナズナなど。

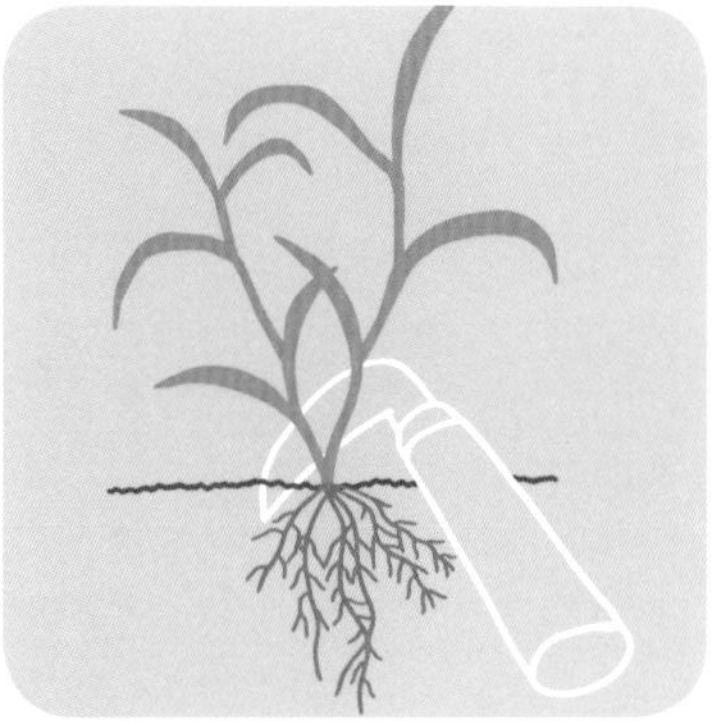

タイプ3 根元から刈り取る

小ガマを株元にさし込み、地際の生長点ごと刈り取る。根はできるだけ残す。エノコログサ、メヒシバなど。

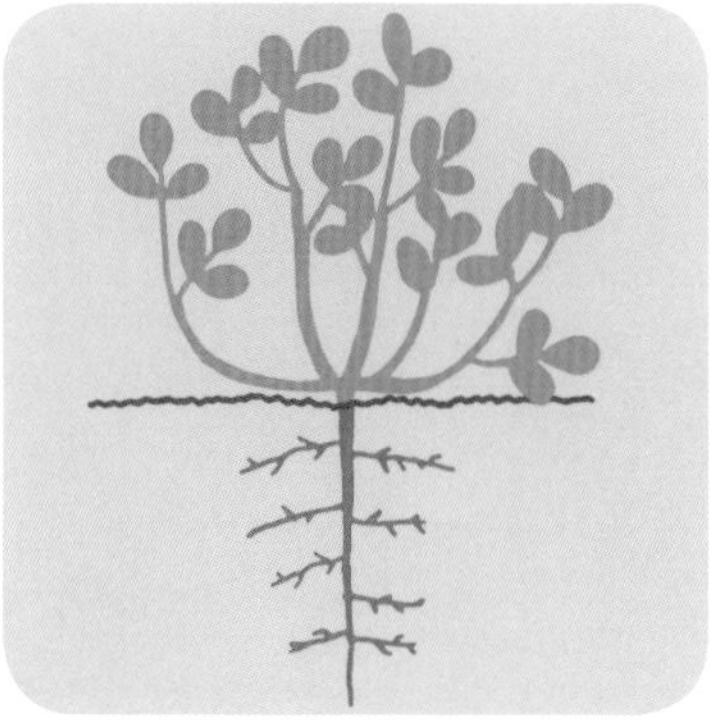

タイプ4 生やしたままでよいものも

野菜とは根の張りが競合しないので、生やしておいてリビングマルチとして利用することができる。スベリヒユ、ハコベ、カタバミなど。

POINT マメ科のカラスノエンドウ、ナス科のイヌホオズキは、天敵を集めるバンカープランツとしても役立つ(112ページも参照)。

IDEA 42

タイプ① 根こそぎ掘り上げる

多年生の雑草は、地下茎や根茎で増殖

同じ株が何年にもわたって生き続ける多年生の雑草は、その場所で根や地下茎を伸ばして繁殖しています。一年を通して地上部があるもの、葉をロゼット状に広げて越冬するもの、冬は地上部が枯れて根だけで生き延びるものなどがあり、いずれも地上部の茎や葉を取り除くだけでは不十分です。株のまわりを大きく掘って土を落とし、根こそぎ抜かなければ、除草したことにはなりません。

　大型の雑草には、広い範囲が深く掘れるスコップが使いやすいでしょう。春に芽生えたばかりの小さな芽や、根の張りが比較的浅いシロツメクサ（クローバー）などには、三角ホーでの除草が適しています。とがった部分で草を引っ掛けて、根ごと引き抜きます。根についた土をそのままにしておくと再生する可能性があるので、その場でふるい落とします。

　地下茎で広がるハルジオン、スギナなどは、予想以上に広範囲に根を張り巡らしているので、ていねいに取り除きます。セイヨウタンポポ、スギナ、ヨモギ、ムラサキツメクサなどは、切断した根からも再生するしぶとい雑草なので、掘り取った根も残らず拾い集めます。

省エネ

時短

POINT　シロツメクサ（クローバー）、ムラサキツメクサ（アカツメクサ）はマメ科の植物。土を肥沃にして訪花昆虫を呼ぶ働きがあるので、邪魔にならない場所なら放置しておいても。

ハルジオン

春から夏にかけて開花・結実する。根を横に伸ばし、その先端に新芽が出て広がっていくので、根ごと残らず掘り取る。よく似たヒメジョオンは一年生の雑草。

セイヨウタンポポ

根が地中深くに伸び、切断された根からも再生する。大株になると一年で何回も開花・結実するので、株が小さいうちに抜き取る。

スギナ

早春に出るツクシ（スギナの胞子茎）が胞子をまき散らすことに加えて、地下30cmくらいのところまで伸びる根茎が生息エリアを広げる。切断した根茎からも再生するので要注意。

シロツメクサ（クローバー）

株元から匍《ほ》匐《ふく》茎《けい》を伸ばし、節からも発根して座布団状に広がる。大きくなると完全に取り除くのが難しいので、初期のうちに抜き取りを。

POINT　食べられる雑草もある。タンポポの根はコーヒーに、ヨモギは草餅に、ツクシは佃煮などで。

IDEA 43

タイプ② 抜き取る

一年生の雑草（イネ科以外）は、多少根が残っても大丈夫

省エネ

時短

一年生の雑草とは、種から発芽し、開花・結実を経て1年以内に枯れる雑草のことです。多年生の雑草に比べると根の張りは小さくて細いので、比較的簡単に引き抜くことができます。根をすべて取りきれなくても、再生するおそれはほとんどありません。

除草の作業自体は簡単ですが、発芽したての草は小さくてつまみにくいので、草丈5～10㎝のころまで待つと抜きやすくなります。花が咲く前に取るのが基本ですが、次世代の種をまき散らす前に取ることが肝心です。遅くとも開花中には引き抜くようにしてください。あらかじめつぼみや花の姿を覚えておくとよいでしょう。

冬の雑草として知られるホトケノザは、野菜の生育を妨げるときは抜き取って除草しなければなりませんが、残しておくと思わぬ役に立ちます。ホトケノザはうどんこ病にかかりやすく、発病した株を放置すると、白から黒っぽい色に変わります。これはうどんこ病に寄生する「アンペロマイセス」というカビで、カビの胞子を採取してうどんこ病にかかった別の野菜に振りかけると防除することができるのです。見た目は同じうどんこ病でも、植物によって寄生する種類が違うので、ほかの野菜に伝染することはありません。

POINT 土が固く締まって抜きにくいときは、小ガマやねじりガマを株元にさし込んだり、土をほぐしたりして抜き取る。

カヤツリグサ類

春から初夏にかけて発芽し、株元から分枝して数本の茎が伸びる7月ごろに開花し、秋には枯死する。

ホトケノザ

株元近くの節から分枝して、横に広がる。開花は春から初夏で、種をつくると夏には枯れる。

ナズナ

発芽の時期は夏の終わりから秋にかけて。冬は葉が地面に寝たように広がって寒さをしのぐが、春になると立ち上がって生長を始める。

イヌタデ

地面をはう茎（匍《ほ》匐《ふく》茎《けい》）の節から発根して広がる。晩春から晩秋にかけて、長期間にわたって芽を出すので、様子を観察して種がつく前に抜き取る。

POINT 秋に発芽した株は、根が張るので抜きづらい場合がある。この場合も、小ガマなどを株元に深めにさし込むと抜きやすくなる。

IDEA 44

タイプ③ 根元から刈り取る

イネ科の一年生雑草の生長点は地際にある

道端や畑の周辺でよく見かける、メヒシバやエノコログサなどのイネ科の一年生の雑草は、生長点が地際にあるのが特徴です。そのため、生長点を取り除くように根元から刈るのがポイント。生長点を残すと、光が当たるようになって、茎や葉が旺盛に茂るという皮肉な結果になりかねません。

　イネ科の雑草は草丈が高くなるものが多いので、野菜の邪魔にならないうちに早めに除草しましょう。また、同じ科のトウモロコシが近くにあると、共通の害虫や病気などが伝染することがあるので、早めに除草するに越したことはありません。茎葉がかたいので、小型のカマなどを根元にさし込んで刈り取ります。

　イネ科の一年生の雑草は、残った根から再生することはないので、刈り取るさいは、できるだけ根を残すようにします。根は微生物によって分解されるので、微生物の種類と量が増えて土の多様性が増します。また、根が広がっていた跡は空洞になるので、土がやわらかくなり、通気性と排水性がよくなる効果もあります。

　チガヤやススキなどの多年生のイネ科雑草の場合は、種だけでなく根茎でもふえるので、根こそぎ掘り上げます（100ページ参照）。

省エネ

時短

POINT　草丈5～10㎝ほどになってから刈り取ると作業がラク。

スズメノテッポウ

発芽は秋が多いが、一部は春にも芽を出す。開花・結実は春から夏にかけてで、まっすぐに伸びた穂に黄色っぽい小さな花が群生する。夏に枯死する。

エノコログサ

別名ネコジャラシという。春から夏にかけて発芽し、6月ごろから穂（花）を出す。株元から分枝して大株に育つが、繁殖力はあまり強くない。秋に枯死する。

スズメノカタビラ

春と秋に発芽し、夏に枯死する。開花・結実期は冬から初夏までと長いので、開花中の株は早めに刈り取る。

メヒシバ

春から夏にかけて芽を出し、晩秋に枯死する。土がむき出しの場所では、盛んに分枝、発根して四方に広がる。よく似た雑草にオヒシバがあり、除草方法は同じ。

POINT　イネ科の植物にはムギクビレアブラムシ、ヒエノアブラムシなどのトウモロコシと共通のアブラムシが発生する。

IDEA 45

タイプ④ そのままでよい雑草

リビングマルチで地温を下げる効果も

省エネ
エコ
時短

雑草は、病気の原因になる、害虫のすみかになるなどといわれて嫌われますが、スベリヒユは残しておいてもよい雑草の代表格です。植物の根が吸収した水分はすべて地上部の茎葉に送り込まれるのではなく、一部を根の途中から地中に放出する性質があります。スベリヒユはとくにその働きが強く、乾燥時に野菜の水分不足を補う効果があるといわれています。

また、スベリヒユの根は野菜よりも深いところに張るので野菜の根と競合することはなく、スペースと水分を分け合う関係ができているので、目の敵のように取り除く必要はないと考えています。

草で地面を覆うリビングマルチの役割にも注目しています。生長が早く、発芽から2～3週間で直径40㎝以上に茎葉が広がり、その下の地温を測ってみたら、何もない裸地に比べて5℃以上低くなっていました。草丈が高くなるトマトやキュウリ、ナスなどの野菜の株元に生やしておくと、地温の抑制効果を発揮するので、畑に残しておくのも一つのアイデアです。大きくなりすぎたら部分的に刈り取れば問題ありません。ただし、ラッカセイのような地面を覆うように生長する野菜には向かないので注意しましょう。

POINT　スベリヒユはおひたしなどにして食べることができる。

5月ごろから開花

ムラサキツメクサ

別名レッドクローバーという。シロツメクサより草丈が大きく、花は赤紫色。葉にうどんこ病の寄生菌が繁殖する。緑肥植物に利用される。

スベリヒユ

地温の抑制効果は意外と高く、真夏に10cmの深さの地温を測定したところ、裸地38.8℃、敷き草31.6℃、スベリヒユの根元33.4℃になった。

5月ごろから開花

カタバミ

種子や匍《ほ》匐《ふく》茎《けい》で繁殖する。常緑で春から夏まで黄色い花をつける。草丈が低いので、野菜に影はつくらない。ハダニの天敵を増やす働きがある。

ハコベ

発芽から開花・結実までが1～2か月と短期間で、世代交代を繰り返してふえる。地面を覆うように低く広がる。

POINT　うどんこ病にかかったムラサキツメクサの葉は黒っぽくなる。これを別の野菜のうどんこ病に振りかけると防除できる。

IDEA 46

雑草は雑草で抑える

刈り草を利用、最後は堆肥に

抜いた雑草は、タイプによって処分法が異なります。「根こそぎ掘り上げる」タイプは、切断した根や茎からでも発根するほど繁殖力が強いので、畑の隅に1か所にまとめておきます。細かい根や茎を畑に残さないように注意してください。

「抜き取る」タイプは、土を落とし、根を上に向けておけば、やがて枯れます。とくに夏は、ポリマルチの上に並べておくと、高温であっという間に枯れてしまいます。完全に枯れたら、野菜の株元に並べて敷きわらがわりにしてもよいでしょう。

「根元から刈り取る」タイプのイネ科の雑草は、十分に乾かしたものは稲わらや麦わらと同じように使えます。刈ったばかりの青草は通路に敷き、ある程度枯れて分解が進んできたら株元に敷きます。通路や畝に直接光が当たらなくなるので雑草が生えにくくなり、水分の保持や地温上昇の抑制などの効果があります。野菜の栽培が終わった後は、緑肥や堆肥の材料に使ってください。

開花前や種ができる前に刈り取るのが基本ですが、種がついたものや害虫が発生したものは、種や害虫を拡散させることになるので、刈り草マルチには向きません。畑の外に持ち出して処分します。

POINT　雑草は、畑の隅に積み上げて乾燥、分解させている。分解に時間はかかるが、穴を掘って埋めるよりもラク。

省エネ

エコ

通路に敷く

ソルゴーやムギなどのイネ科の草は、青草のまま通路に敷く。

根元を上に向ける

根についた土を払い、根を上に向けて通路に並べてよく乾かす。

光を遮り、雑草を抑える

刈った雑草を敷いておくことで、雑草の発芽防止に（写真の左側）。

雑草マルチ

結実前の雑草を刈り取り、十分に乾かして敷く。乾燥させることで害虫や病原菌が減少する。

POINT　「根こそぎ掘り上げる」タイプの雑草は、深い穴を掘って埋める処分法もある。地中深く埋めれば、再生のおそれは少ない。

IDEA 47

ヘアリーベッチで雑草防止

緑肥としてすき込み、土も豊かに

省エネ

エコ

畑で栽培し、そのまま土にすき込んで肥料にしたり、有機物として土壌改良に役立てたりする植物を「緑肥植物」といいます。代表的なのは、イネ科のムギ類とソルゴー、マメ科のシロツメクサ（クローバー）、アカツメクサ、クリムソンクローバー、ヘアリーベッチなどで、バンカープランツと重なるものも多くあります。

ほかに、景観植物のヒマワリ、コスモス、ヤグルマギクなども、花を楽しんだ後で緑肥になります。マメ科植物は、根に寄生する根粒菌の影響で窒素分をためることができるので、土にすき込むと地力のアップが図れます。

ヘアリーベッチは、「アレロパシー（他感作用）」を持つことが知られています。アレロパシーとは、植物が出す化学物質がほかの植物や微生物、害虫などに影響を及ぼすことです。

ヘアリーベッチが生えている場所は雑草が生えにくいので、除草の手間が省けます。また、花が咲いても種ができにくいので、雑草化する心配がないのもメリットです。栽培にあたっては、窒素は不要、元肥にリン酸とカリウムを施用します。

緑肥植物を畑にすき込むときは、分解に時間がかかるので、夏は1か月、冬は2か月ほど作付けを控えます。

POINT　クリムソンクローバーとヘアリーベッチは、春と秋に種まきできる。花がきれいで、昆虫を呼ぶ働きもある。

ヘアリーベッチの根についた根粒

根粒菌はマメ科植物の根につき、共生する。空気中の窒素を固定する働きがあり、土を肥沃にするのに役立つ。

ヘアリーベッチ

地面を広く覆うほか、アレロパシー効果で雑草が生えるのを防ぐ効果も高い。

緑肥としてすき込む

草丈が低く、花や種ができる前にすき込むのがコツ。丈が高く伸びたら、掘り上げて細かく刻んだのちにすき込む。

景観植物

休耕地などを利用して、見て楽しむ目的で栽培される植物を景観植物という。コスモス、ヒマワリ、菜の花などが知られ、花が終わったら緑肥にすることもできる。

POINT

アレロパシーを持つ植物には、ソバ、ダイズ、ヨモギなどがある。エンバク、ライムギ、マリーゴールドにセンチュウを減らす効果があるのも、アレロパシーの一つ。

IDEA 48

ソルゴー&コムギを周年栽培

バンカープランツは生態系の中心

農薬に頼らない害虫防除の基本は、バンカープランツの活用です。バンカープランツとは、栽培することによってアブラムシなどの害虫を呼び寄せた結果、天敵をふやす効果のある植物のことです。

例えば、野菜の近くでムギを育てると、ムギを好むアブラムシが集まってきます。すると、このアブラムシを目当てにテントウムシやアブラバチなどの益虫が集まり、近くの野菜についたアブラムシもついでに退治してくれるのです。アブラムシは種類が多く、それぞれ好みの植物があるので、ムギにつくアブラムシは野菜に被害を与えることはありません。しだいにクサカゲロウ、カマキリ、アマガエル、トカゲのほか、モズなどの鳥も集まり、小さな生態系ができあがります。

私が栽培しているバンカープランツの代表は、ソルゴーとコムギです。私の畑では15年近く、春から秋にかけてソルゴー、秋から春にかけてムギ類を栽培しています。バンカープランツと防虫ネットなどの資材との併用で、害虫の被害はほとんどありません。そもそも農薬を散布しても害虫をゼロにするのは難しいので、それよりも益虫が活発に働く環境をつくることに注力したほうがよいと考えています。

POINT　バンカーとは銀行家のことで、バンカープランツとは「虫を蓄える植物」といった意味。

省エネ

エコ

バンカープランツの仕組み

バンカープランツについたアブラムシを捕食するために益虫が集まり、近くで栽培している野菜のアブラムシも退治してくれる。バンカープランツが日陰をつくるときは、低い位置で刈り取ればよい。

小さな生態系ができる

野菜に害を与える害虫がいても、天敵の益虫が生息していれば、被害は小さく抑えられる。益虫にも天敵がいて、ピラミッド型の生態系が形づくられている。

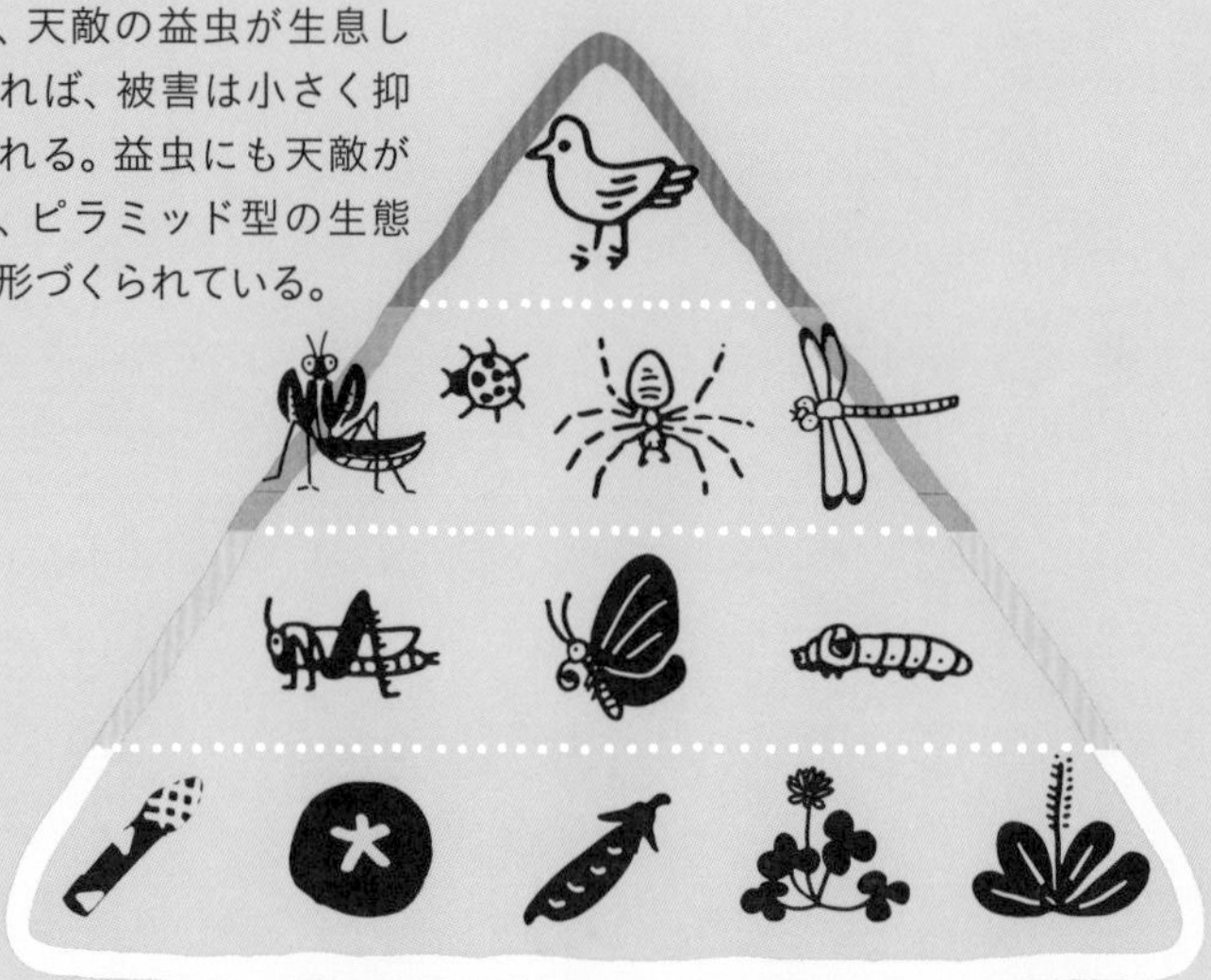

POINT バンカープランツのような働きをする雑草がある。カラスノエンドウ、イヌホオズキ、ヨモギ、シロツメクサなどには益虫を集める働きがある。

IDEA 49

多彩に活躍するソルゴー

種をまくだけで手入れ不要

ソルゴーはイネ科の一年草で、ソルガムとも呼びます。ソルゴーは、バンカープランツだけでなく、複数の役割を同時にこなすすぐれもの。その一つが、「風よけ」効果です。私の畑では、強風をやわらげるために畑の北側と西側に栽培しています。本格的な板囲いをすれば風は防げますが、かえって畑が過湿状態になりやすいのにたいし、ソルゴーの「生け垣」は適度な通気性があります。

同時に、農薬の飛散防止に役に立つ「ドリフト植物」という一面も持っています。近所の畑で散布された農薬が私の畑に入ってこないように、ソルゴーが防いでいます。ほかに、土の余分な肥料分を吸収する「クリーニングクロップ（お掃除作物）」として、また栽培が終わったら土にすき込む「緑肥」として、最後までしっかり働いてくれます。

栽培はきわめて簡単です。春に、購入した種袋に記されている株間で種をまくだけ。よほどのやせ地でなければ、元肥も追肥もいりません。背が高くなったり、野菜が日陰になったりしたときは、短く刈り込みます。刈り込んだものは通路に敷くか、緑肥として使用します。こぼれ種でふえて雑草化することがあるので、それを避けたいなら、穂が出たところで切り取ります。

省エネ

エコ

POINT　同じイネ科のトウモロコシとソルゴーはアブラムシが共通するので、近くに植えないようにする。

ソルゴーを菜園の北側と西側で育てる

風よけやバンカープランツの効果を期待して育て始めたソルゴー。こぼれ種でふえて、通気性のよい生け垣になった。密に生えたところは適当に間引くほかは、手入れ不要。冬も刈り込まないので、寒風を遮ってくれる。

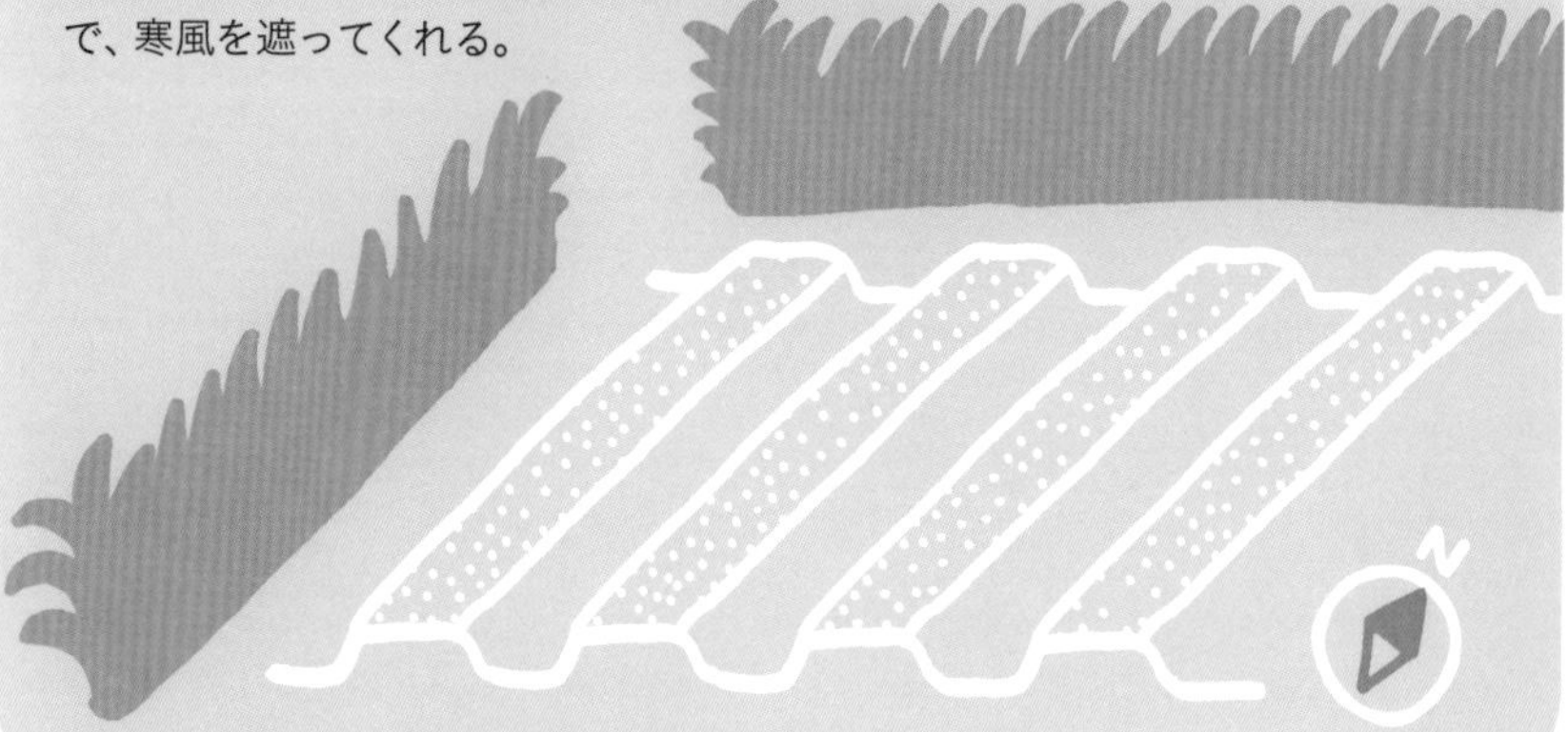

アブラムシを捕食するモンクチビルテントウの幼虫

モンクチビルテントウの幼虫は、アブラムシの天敵。幼虫は飛んでいかないので、この場所でせっせと捕食してくれる。

ソルゴーと群生するアブラムシ

ふつうより糖度が高い「高糖度ソルゴー」の葉には、多様なアブラムシが集まってくる。

POINT　バンカープランツのような働きをするイヌホオズキはナス科、カラスノエンドウはマメ科なので、同じ科の野菜が近くにあるときは取り除く。

IDEA 50

コムギは最強のバンカープランツ

通路にまいても、プランターでも

省エネ

エコ

秋冬野菜の作付けがほぼ終わった11月に種をまくのがムギ類です。ソルゴー同様、複数の効果を持ちますが、バンカープランツとして栽培しているので、収穫が目標ではありません。

私の畑では、コムギ、オオムギ、ライムギ、エンバク（カラスムギ）の4種類を栽培していますが、バンカープランツの効果がもっとも高いのはコムギです。ライムギとエンバクは、センチュウ類の生息密度を減らす効果があるので、被害が出た畑で栽培しています。

ムギ類の栽培は容易です。畝の周囲や通路にパラパラと種をまくだけ。ほぼ無肥料でつくっています。バンカープランツとしての効力は10m四方といわれるので、プランターで育てて畑のところどころに置くのもおすすめです。アブラムシが発生した野菜のそばにプランターを移動させれば、ピンポイントで効き目を発揮します。プランターを土に埋めると、水やりの心配がありません。

春の作付け前や穂ができる前に刈り取り、干しわらや緑肥として利用します。稲わらに比べると、麦わらはかたくて長もちするので、キュウリなどの株元に敷いたり、ネギの植え溝に入れたりするなど、便利に使えます。

POINT　草マルチ用に改良されたオオムギは実をつけずに枯れる。緑肥として畑にすき込んでもよい。

オオムギの葉の上のアブラムシ

葉や穂にアブラムシがつく。のちにこのアブラムシを求めて天敵であるテントウムシやアブラバチ、クサカゲロウなどがふえてくる。

コムギ

本来の種まき時期は晩秋だが、収穫しないのでいつ種をまいてもよい。夏の一時期以外は発芽する。

敷きわらに

夏の乾燥や高温から野菜を守るため、株元にわらを敷く。麦わらは水をはじくので、長もちする。トマト、キュウリなどの夏の果菜類に向く。カボチャやスイカなどの果実の下に敷くと、果実の接地面の腐敗や虫食いを防ぐ効果もある。

ムギ類の種まき

幅10～20cmのまき溝を掘り、種を2～3cm間隔でばらまきして土をかぶせる。

POINT　ライムギとエンバクは、種が落ちると雑草化して毎年芽が出るので、それを避けたいときは穂が出たところで切り取る。

COLUMN #3

育てる以外の楽しみも

　高校の教員時代に山岳部の顧問としてあちこちの山に登り、高山植物を描き始めたのがきっかけで、植物の絵を描き続けています。畑でスケッチすることもあるし、収穫物を自宅に持ち帰ってじっくり描くこともあり、題材とそのときの気分で、水彩、油彩、アクリル、パステル、水墨などの画材を使い分けています。じつは、絵を描くだけでなく額縁もつくり、種まきから収穫、絵を飾るところまで、オール手づくりで楽しんでいます。スケッチのいいところは、見たいところ、描きたいところを強調して表現できることです。写真は、余計な部分や背景が写り込んでわかりにくいことがありますが、細部の描写はスケッチのほうがむしろ正確で優れていると感じます。

　細かく観察することは、栽培にも役立ちます。例えば、健全に育っている株の芽の出方、葉のつき方や伸び方、花の咲き方、実のつき方をじっくり見ていれば、なにか異常があったときにすぐに気づくようになります。発生初期のうちに病気や害虫に気づけば、すぐに対処して被害を小さく抑えることができます。

　絵と同様にこだわっているのが写真です。野菜の生長を追いかけるだけでなく、虫や病気、草花、雑草まで、畑のいろいろな場面を撮っています。今まで撮りためた写真は3万点以上。撮影した対象を分類し、使用機材と撮影日、露出などのデータをパソコンに取り込んでいるので、必要な写真はすぐ取り出せます。虫は目に、花は雌しべにピントが合っていることがだいじなので、パソコンの画面を見ながら写真を整理するのは楽しい時間です。２０１９年５月から始めたインスタグラムにもアップし、反響をいただけるのも楽しみの一つになりました。

カブのスケッチ

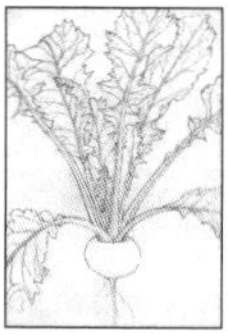

畑から持ち帰って机上で描いたもの。カブの葉の出方や葉の重なりぐあいを確かめながら描いた。

ラッカセイの絵

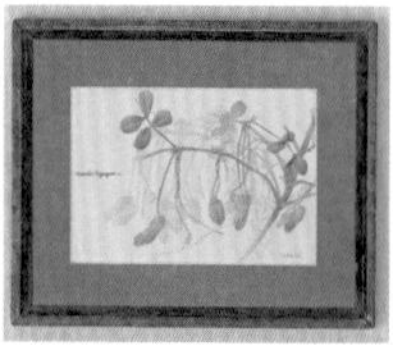

ラッカセイは地上部は観察できるが地下部はどのようになっているかを見せるために描いたボタニカルアート。木製のお手製額に入れてみた。

日本カボチャ

なかなかうまくはできないが、地方野菜や珍しい野菜、アロイトマトのような海外の野菜も栽培している。収穫物はおすすめの方法で調理、試食する楽しみもある。

モズ

畑作業を始めると、どこからともなくやってくるモズ。畑を耕したときに出てくるコガネムシの幼虫が好物らしい。私が使っているスコップの柄に止まって餌を探している。

巻末付録

私の菜園ライフ

ここまでは私が野菜づくりで行っているアイデアを紹介してきました。しかしながら、菜園は野菜を育てるだけの場所ではありません。私の菜園（Potake）では、野菜と有用植物、雑草が共存しています。虫も元気に飛び回り、私は観察と撮影に余念がありません。ここからは私なりの菜園での楽しみ方や植物や虫とのかかわり方を紹介します。

私の菜園ライフ❶

無農薬菜園をめざして

〜Potakeをつくって20年〜

小学生のころから野草に興味がありましたが、高校生になってからは花や果樹にも興味を持つようになりました。そんな理由から、大学は園芸学部を選び、卒業後は農業高校の教員に。農業高校は農家の子どもたちが将来、自営できるように教育するところです。ですから、当然のように化学肥料や農薬を使用したやり方で野菜を栽培していました。ある日、キャベツの葉の裏にいるアオムシに、天敵のコマユバチが卵を産みつけているのを見つけました。当時は、生産性を上げるためには農薬散布は仕方ないものと考えていましたが、益虫を生かした栽培ができないものかと意識するようになったのはこのころからです。

退職後、耕さずに野菜を栽培する不耕起農法を知り、自宅近くに畑を借りて野菜を育てることにしました。めざしたのは、「混植菜園」という意味のフランス語のポタジェ（potager）です。ヨーロッパの家庭菜園ではポピュラーなスタイルで、野菜だけでなく、草花や小果樹、ハーブ

アオムシの食害にあったキャベツ。大きな穴がたくさんあいている。穴の形や落ちている糞《ふん》でも害虫の種類がわかるようになった。

などの多くの植物を混植した畑のことです。植物の種類が多いほど、そこに生息する虫や小動物、土中の微生物や菌の種類が増え、互いにバランスをとり合って生きています。一方、単一の野菜をつくり続けていると、その野菜を好む特定の生物だけがふえてしまい、バランスが崩れてきます。その結果、病虫害の大発生を招くことがあり、農薬に頼らざるを得なくなるのです。

その点、多様な植物が育つポタジェには、小さいながらもバランスのとれた生態系ができあがり、病虫害の発生が抑えられます。害虫が発生しますが、大きなダメージにはなりませんし、多少病虫害が発生しても、自家消費が前提の家庭菜園ですから、少々虫食いでも形が悪くてもかまわないのです。実際に、私の菜園ではほとんど農薬を使っていません。害虫忌避効果のあるハーブ、益虫を集めるバンカープランツ、訪花昆虫を呼び寄せる蜜源となる花などが混在しているポタジェが、野菜を健全に育ててくれます。

豊かな生物相に恵まれたポタジェは、私にとって憩いの場です。ポタジェと畑を合わせて「Ｐｏｔａｋｅ」と命名した私の菜園は、開設してから20年近くたちましたが、まだ改良の余地があります。理想の菜園ができるまで先は長いですが、その過程も楽しんでいます。

アマガエル。Ｐｏｔａｋｅの害虫を退治してくれる仲間の一人。バンカープランツやコンパニオンプランツを栽培し、無農薬だからこそ、害虫の天敵も多い。

あえて野菜の花を咲かせることも。上写真は西洋ゴボウ（サルシフィー）の花。下写真は大浦太ゴボウの花。ゴボウでも品種によってこんなにも花の形が違う。

私の菜園ライフ❷

多様な植物に囲まれて

～草も野菜の仲間～

IDEA41～45で、雑草の扱いの基本を書きましたが、じつは私は除草にはあまり熱心ではありません。畝の草はきちんと取りますが、通路や畑まわりの除草はかなりの重労働で、取りかかるのは一大決心なのです。野菜から遠く離れたところに生えていたり、野菜に大きな影響を与えたりする心配のない草は見逃しています。

雑草のなかには、バンカープランツのような役割を果たしているものもあります。例えば、イヌホオズキは、ナス科の害虫ホオズキカメムシを呼び寄せてしまいます。ですから、トマトやナスの近くに生えたものは抜き取っていますが、それ以外は放置しています。というのも、イヌホオズキにはアブラムシやハダニなども集まってくるため、その天敵を集めてくれる効果もあるからです。カラスノエンドウも同様に、そこについたアブラムシを目当てに天敵の益虫が集まるので、マメ科野菜の畝から離れていれば温存しています。

イヌホオズキに集まるホオズキカメムシ。この集団はオス1匹とあとはメスだけのハーレム。

私は、「草も野菜の仲間」という考えを持っています。草によって土が耕され、通気性や透水性が改善される効果を期待しているのです。タンポポは独立して生えるので、びっしりと地表を覆って野菜の邪魔をすることはまれですし、ヨモギは益虫を集めるバンカープランツにもなります。うどんこ病にかかったホトケノザは、うどんこ病に寄生する菌の繁殖源です。スギナの根絶には手を焼きますが、ある程度生えていても大丈夫です。繁茂して野菜の日当たりを損ねる、養水分を横取りするなどの迷惑雑草は小さいうちに取るようにしていますが、野菜の邪魔をしなければ生えていてもいい――そんな気持ちで草と接しています。

野菜もおおらかに育てています。収穫だけが目的ではなく、花を咲かせたり、種を採ったりと、さまざまなステージを楽しんでいます。ニンジンの花は繊細なレースフラワー、西洋ゴボウ（サルシフィー）とシュンギクの花は切り花に使えるくらいきれいです。びっくりしたのは、キャベツは、スーパーに並ぶ姿のまま地面からニョキッと伸びていると勘違いしている人がいたこと。野菜のどの部分を、どの状態で食べているかを知らない人もいると知り、野菜＋虫たちを写真に収めて、インスタグラムで公開し始めました。今は、国内外の方から、たくさんのコメントをいただいたり、フォローされたりするのも楽しみの一つになりました。

上写真はホトケノザの花。ホトケノザは冬から初夏に生える雑草。下写真の葉についている白いカビがうどんこ病菌。

ニンジンの花。フラワーアレンジメントで使用するレースフラワーによく似た花をつける。

私の菜園ライフ③

虫たちと友達

～ユニークな生態に興味津々～

Potakeを始めるようになって、野菜と虫の関係を考えるようになりました。

開設して1～2年たったときのことです。ゴボウの新芽や葉の裏に、アブラムシがびっしりついて真っ黒になりました。調べてみると、ゴボウヒゲナガアブラムシという、名前のとおりゴボウを好むアブラムシの一種でした。殺虫剤を噴霧するつもりでしたが、よく見ると益虫のナナホシテントウの幼虫が、アブラムシの群れの中で孤軍奮闘していたのです。ここで薬をかけたら益虫も死んでしまうと考えてしばらく様子をみたところ、約1週間後には、アブラムシはほとんどいなくなっていました。幼虫だけでなく、成虫も飛来して、共同でアブラムシを撃退したのでしょう。この経験が、農薬を使わなくても野菜は育てられると確信したきっかけになりました。

その後、Potakeのあちこちを観察していると、虫たちのユニー

ゴボウヒゲナガアブラムシのコロニー。丸くなっているのは、天敵のアブラバチに寄生されたマミー。

クな生態が見えてきました。スズメバチやアシナガバチは攻撃性が強く、人間には嫌われますが、Ｐｏｔａｋｅでは優秀な益虫です。イモムシ類やアオムシなどを捕まえ、団子にして幼虫の餌にする一方、花の蜜を吸って授粉の手助けもしています。

ハエトリグモ、カニグモ、ハナグモなどの仲間は、花に来た虫を捕らえます。これらの虫たちの生態や生死をかけた攻防を知るごとに愛着がわいてきて、農薬を使う気持ちはさらに失せていきました。

そもそも、農薬を散布することで害虫を一時的にゼロにできても、それを継続することは不可能です。それなら、多少害虫が発生したとしても、植物の種類を増やして益虫を集めたほうがいい、というのが私の考え方です。

最近、シロヘリクチブトカメムシという新しい友達ができました。幼齢幼虫がハスモンヨトウに群がり、ストローのような口を突き刺して体液を吸っていました。幼虫を1匹捕まえてハスモンヨトウのそばに置いてみると、頭の急所に迷わず針をズブリ。その一部始終を、マクロレンズをつけたカメラ越しにじっと観察していて、存在感に圧倒されました。10〜20分の凝視は当たり前、虫たちが見せてくれるライブ動画も撮りだめています。

葉陰などで獲物を待ち伏せて狩るクモの一種。このガの幼虫はイモムシの仲間で植物を食害する。

シロヘリクチブトカメムシの幼体。集団でハスモンヨトウの幼虫を襲っているところ。カメムシには野菜などの植物を餌にするものと、このように肉食系のものがいる。

私の菜園ライフ④

農薬を使うなら
～やむを得ないときは、ルールを守って安全に～

虫の生態を知るにつれ、私はほとんど農薬を使わなくなりました。虫たちの営みが、愛らしく見えてしまうのです。唯一使うのはナメクジ用の殺虫剤ですが、有機農業にも使える天然由来成分のものを選んでいます。しかし、家庭菜園といえども、病虫害が発生して手の施しようがないときは散布もやむを得ないとも思います。

散布のポイントは、発生初期のうちにピンポイントでかけること。できるだけ益虫を殺したくないので、小型の噴霧器を使って狭い範囲にかけるようにします。そのためには、日々の見回りで予兆を見逃さないことが肝心です。被害がひどくなってからでは、回復できないこともあります。害虫を根絶やしにすることは考えずに、これ以上増やさない程度の効き目でよしとしましょう。デンプンや水あめなどの食品添加物や、納豆菌の仲間の微生物に由来するものなど、有機農業で使用が認められている農薬もあるので、表示をよく確かめて選ぶとよいでしょう。

ペットボトルを利用した噴霧器。ピンポイントで少量の農薬をまくときに便利なグッズ。園芸店やネットショップなどで購入できる。

農薬を散布するにあたっては、いくつかの注意事項があります。

①病気や害虫の原因を特定し、それに合った適切な農薬を選び、対象の野菜に使えるかどうかを確認します。農薬が効く仕組み、使い方は取扱説明書に書いてあるので、きちんと読みます。使用回数、収穫の何日前まで散布できるか、などの項目のチェックも忘れずに。

②農薬の調製、散布のさいは、長袖、長ズボンを着用し、ゴーグル、ゴム手袋、マスク、帽子などをつけて、肌の露出を極力抑えます。

③晴天で風の弱い日の午前中に散布します。薬液が乾きにくい曇天と高温時は、薬害が出ることがあるので避けましょう。

④農薬は風上から散布し、自分にかからないようにします。病気の場合は、葉の表裏、新芽など、株全体にむらなく散布します。害虫の場合は、ピンポイントに散布してほかの葉にかからないようにすると、散布量が減らせて益虫の保護につながります。

⑤余った農薬はうかつに捨てられないので、毎回使う分だけをつくります。成分が変質することがあるので、つくり置きはできません。

⑥散布後は、石けんで手や顔などをよく洗ってうがいをし、衣服を着替えます。散布当日のアルコール摂取は、中毒症状が出ることがあるので控えましょう。

農薬は多種類あるが、毒性の低いものや家庭菜園向けの小分け包装された農薬が使いやすい。

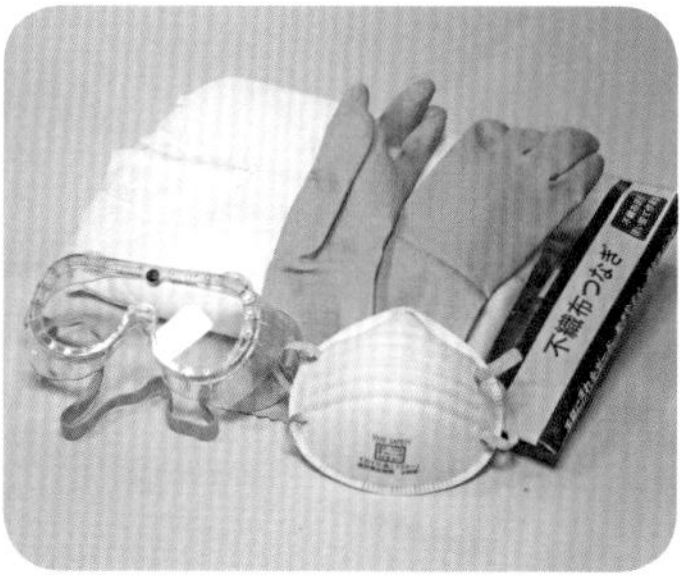

農薬散布に必須の道具。農薬散布用のマスクとゴーグル、ゴム手袋をつけ、長袖の衣類の上に塗装作業などで使う不織布製のウェアを着用する。

著者

麻生健洲（あそう・けんしゅう）

千葉大学園芸学部を卒業後、農業高校で野菜、養液栽培、生物工学などを教える。退職後は書籍の執筆・監修をしながら家庭菜園を楽しんでいる。著書に『だれでもできるはじめての野菜づくり決定版』『新版 だれでもできるベランダで野菜づくり』（いずれも家の光協会）、監修書籍に、『いも』『とうもろこし』（いずれもフレーベル館）などがある。趣味は、ネイチャーフォト、絵画、自然散策など。

Instagram 78ponta
ブログ　http://potager.jp/

編集協力　豊泉多恵子
デザイン・イラスト　山本陽（エムティ クリエイティブ）
校正　佐藤博子
写真　麻生健洲、瀧岡健太郎、高橋稔、若林勇人、大鶴剛志、片岡正一郎、亀田龍吉、浅井元朗、下曽山弓子、豊泉多恵子、廣井禎、家の光協会写真部

無農薬菜園はじめよう
楽しく続けるアイデア50

2021年3月20日　第1版発行

著　　者　麻生 健洲
発 行 者　関口 聡
発 行 所　一般社団法人 家の光協会
〒162-8448
東京都新宿区市谷船河原町11
電話　03-3266-9029（販売）
　　　03-3266-9028（編集）
振替　00150-1-4724
印刷・製本　図書印刷株式会社

ISBN978-4-259-56682-1-C0061